HIJAS OLVIDADAS

Two Contemporary Plays by Hispanic Women Writers

paula.doc by Nora Adriana Rodríguez and
Una estrella by Paloma Pedrero

Edited by
**Karen Brunschwig
María Montoya**

University Press of America,® Inc.
Lanham · Boulder · New York · Toronto · Plymouth, UK

Copyright © 2009 by
University Press of America,® Inc.
4501 Forbes Boulevard
Suite 200
Lanham, Maryland 20706
UPA Acquisitions Department (301) 459-3366

Estover Road
Plymouth PL6 7PY
United Kingdom

All rights reserved
Printed in the United States of America
British Library Cataloging in Publication Information Available

Library of Congress Control Number: 2008936381
ISBN-13: 978-0-7618-4391-7 (paperback : alk. paper)
ISBN-10: 0-7618-4391-4 (paperback : alk. paper)
eISBN-13: 978-0-7618-4392-4
eISBN-10: 0-7618-4392-2

Cover art: *In the Labyrinth* by Ana Medina.

∞™ The paper used in this publication meets the minimum
requirements of American National Standard for Information
Sciences—Permanence of Paper for Printed Library Materials,
ANSI Z39.48—1984

In Memóriam

>Para ti, Nora,
>con admiración y cariño.

A Bruce, mi compañero de viaje, y a Felisa y Anya, por la alegría que nos dan.
>KB

A mi madre Encarnita, por las ilusiones que compartimos.
>MM

Contenido

PREFACE vii

ACKNOWLEDGMENTS ix

¡A ESCENA! NORA ADRIANA RODRÍGUEZ 1

¡ARRIBA EL TELÓN! PRELECTURA *(PAULA.DOC)* 3

PAULA.DOC

    I. ABUELA—PAULA 7

    II. PAULA—MIGUEL 16

    III. MIGUEL—PAULA 18

    IV. VECINA *(SEÑORA DE ROSSI)*—PAULA 26

    V. PAULA—ALICIA 31

    VI. PAULA—VIEJO 37

    VII. PAULA—JAVIER 42

    VIII. PAULA—VIEJO 52

    IX. PAULA—VIEJO 54

    X. PAULA—PEDRO 62

    XI. PAULA 71

ENTREACTO: COMPRENSIÓN *(PAULA.DOC)* 73

¡ABAJO EL TELÓN! POSTLECTURA *(PAULA.DOC)* 79

¡A ESCENA! PALOMA PEDRERO 81

¡ARRIBA EL TELÓN! PRELECTURA *(UNA ESTRELLA)*	83
UNA ESTRELLA	85
ENTREACTO: COMPRENSIÓN *(UNA ESTRELLA)*	125
¡ABAJO EL TELÓN! POSTLECTURA *(UNA ESTRELLA)*	131
OTRA SALIDA AL ESCENARIO: ENLACES	133
MÁS ALLÁ DE LAS CANDILEJAS: BÚSQUEDAS	135
GLOSARIO: ESPAÑOL—INGLÉS	139

Preface

Dear Instructor,

Hijas olvidadas brings together two contemporary dramas by prize-winning authors from Argentina and Spain. The first play, *paula.doc,* by Nora Adriana Rodríguez, deals with a daughter's search for her mother who was one of the *desaparecidos* (disappeared) during Argentina's "dirty war." *Una estrella*, by Paloma Pedrero, portrays a woman coming to terms with troubling memories of her deceased alcoholic father. Aimed at high intermediate and advanced level college students, *Hijas olvidadas* is appropriate for a wide range of courses: introduction to Hispanic literature, conversation, culture and civilization, advanced grammar, composition, or second semester intermediate Spanish. Alternatively, the text can be used effectively for courses on Hispanic women writers or modern drama.

Una estrella and *paula.doc* were selected for several reasons. The plays share universal themes of identity, memory, and parent/child relationships. Their characters and plots connect with readers and evoke empathy. Both dramas expose students to Hispanic culture and events of historical significance. Each one offers an element of surprise and portrays strong emotions. Finally, both plays were written by 20th century women dramatists and have been performed to critical acclaim.

Hijas olvidadas is designed to engage readers in meaningful discussions about the characters and their personal journeys. Communicative activities and writing tasks develop critical thinking skills and enhance cultural understanding. Students are encouraged to explore the films, narratives, testimonials, and Internet resources suggested in the last chapter, "Más allá de las candilejas," to strengthen their reading, research, and analytical skills.

The plays are presented in their original, unedited form. To facilitate comprehension and address gaps in background knowledge, the text is carefully annotated and provides a Spanish-English glossary. Pre-reading, post-reading, and comprehension activities are designed for use at different proficiency levels, allowing instructors to choose those most appropriate for their classes.

We have taught *paula.doc* and *Una estrella* in courses from Intermediate II to Contemporary Hispanic Drama to consistently enthusiastic response. Now we invite you to share the compelling voices of *Hijas olvidadas* with your students.

Dear Student,

Welcome to *Hijas olvidadas* and the world of Hispanic theater. Here you will meet two spirited female protagonists, each seeking to explore her past in order to gain self-understanding and to resolve issues of her own identity. As you accompany the characters in their search, you will sharpen your language and thinking skills. Take every opportunity to read aloud, act out the scenes, and feel the characters' emotions. In this way, the plays will come alive for you.

Each chapter title of *Hijas olvidadas* will introduce you to the language of the theater. The text is organized as follows:

- **¡A escena!** (On stage!) **Nora Adriana Rodríguez/Paloma Pedrero.** An introduction to the dramatists and the plays.
- **¡Arriba el telón! Prelectura.** (Curtain up! Pre-reading) Activities that introduce themes, conflicts, vocabulary, and historical background.
- *paula.doc/Una estrella*. The plays.
- **Entreacto.** (Intermission) Comprehension questions.
- **¡Abajo el telón! Postlectura.** (Curtain down! Post-reading) Activities that stimulate discussion and debate. Questions that foster critical thinking and analysis of the plays. Ideas for creative writing.
- **Otra salida al escenario.** (Curtain call) Questions that compare the two plays with respect to characters, issues, dramatic techniques, etc.
- **Más allá de las candilejas.** (Beyond the footlights) Bibliography and suggestions for websites, films, other dramas, and books on related themes.
- **Glosario.** Spanish/English glossary.

Y ahora . . . ¡Arriba el telón!

Acknowledgments

The authors are deeply indebted to St. Joseph's College for their encouragement and financial support for this project. We give heartfelt thanks to Bruce Brunschwig for the countless hours he spent helping us with the preparation of our manuscript. We appreciate the insightful comments of our colleagues and family members, especially Felisa Brunschwig, Stella Maris Manley, Ignacio Montoya, José Luis Montoya, Lynn Spencer, and Catherine Wood Lange. Grateful acknowledgments are due to Salvador Melita and Paloma Pedrero for granting us permission to include *paula.doc* and *Una estrella* in our book. We are delighted that Ana Medina has graciously allowed us to use her painting "In the Labyrinth" on the cover. Finally, we thank our students for responding enthusiastically to these plays and for inspiring us to create *Hijas olvidadas*.

Karen Brunschwig
María Montoya

Pasadena, California
June 2008

¡A ESCENA! Nora Adriana Rodríguez

Nora Adriana Rodríguez (1959–2005), dramaturga argentina, fue también poeta, narradora y actriz en su ciudad natal de Buenos Aires. Allí cursó estudios de escritura dramática con varios maestros. Colaboró desde 1983 hasta 1995 con Teatro de la Libertad, un grupo de teatro callejero. Dio clases de interpretación y de iniciación teatral para adolescentes en la Escuela de Arte Dramático de Buenos Aires. En 1997, su obra *paula.doc* obtuvo el premio María Teresa León para autoras dramáticas de la Asociación de Directores de Escena de España. La pieza se estrenó en 1998 en el Teatro del Pueblo de Buenos Aires.

"Que no se olvide a los treinta mil desaparecidos de mi país"[1], dijo la autora al recibir el premio por *paula.doc*. La represión llevada a cabo[2] por la dictadura militar argentina (1976–1983) es, en efecto, el telón de fondo de su obra. Paula Márquez, la protagonista, quiere saber cómo era su madre, secuestrada[3] y asesinada cuando Paula sólo tenía un año. Al indagar[4] en su pasado, Paula se enfrenta con el miedo y el silencio de los que prefieren olvidar y callar.

Junto con el tema de la memoria, *paula.doc* presenta el conflicto de identidad de la joven. Paula necesita descubrir quiénes fueron sus padres, pues de esa búsqueda[5] dependerá una decisión clave.[6] "Pero antes tengo que... ¡Saber quién soy!" insiste Paula.

---

1 Juan Antonio Hormigón, "Cosecha fructífera" en *Paula.doc*, de Nora Adriana Rodríguez, y *El instante*, de Lluïsa Cunillé (Madrid: Asociación de Directores de Escena de España, 1998) 7.
2 **llevada a cabo** *carried out*
3 **secuestrada** *kidnapped*
4 **indagar** *search*
5 **búsqueda** *search*
6 **clave** *key*

Cada escena de *paula.doc* reconstruye, como un pequeño rompecabezas,[7] la imagen de la madre desaparecida, una mujer valiente y comprometida con el momento que le tocó vivir. Los diálogos, tensos y vivaces, muestran la sensibilidad y persistencia de la joven Paula, así como los resultados sorprendentes de su búsqueda. Con *paula.doc*, entramos en un mundo donde las palabras que se callan hablan por sí solas.

---

7 **rompecabezas** *puzzle*

¡ARRIBA EL TELÓN! Prelectura

El 24 de marzo de 1976 un grupo de generales derrocó el gobierno constitucional en la Argentina y estableció una junta militar que se mantuvo en el poder hasta 1983. Bajo su régimen de terror o "guerra sucia", miles de personas fueron secuestradas, torturadas y asesinadas en centros clandestinos de detención dirigidos por oficiales de las fuerzas de seguridad y del ejército. Cuando la familia del detenido denunciaba su desaparición, el silencio y la amenaza eran casi siempre las únicas respuestas.

Las elecciones celebradas en diciembre de 1983, tras la vuelta de la democracia, dieron la victoria a Raúl Alfonsín. Bajo su presidencia, se creó la Comisión Nacional sobre la Desaparición de Personas (CONADEP) con el fin de investigar las atrocidades cometidas por la dictadura militar. Su informe, *Nunca más*, documenta las acciones represivas del gobierno con los testimonios de numerosos ex detenidos y familiares de desaparecidos.

A. **¿Dónde están?** Busca más información sobre los desaparecidos en Argentina. En la sección "Más allá de las candilejas", hay una lista de sitios web que te ayudarán en tu investigación.

- Identifica a las víctimas de la dictadura militar y a los responsables de su desaparición.
- Describe por lo menos tres de las asociaciones que se formaron para encontrar a las personas desaparecidas. Explica sus objetivos y el trabajo que continúan realizando hoy.

B. **Opiniones.** En parejas o grupos de tres, expresen su punto de vista.

- ¿Cuáles son los hechos más trágicos de la historia reciente de tu país? ¿Cómo supiste de ellos? ¿Podrían volver a ocurrir? ¿Por qué?

- ¿Qué situaciones o sucesos pueden dividir a las personas de un mismo país?
- ¿Qué derechos y libertades se suprimen en una dictadura? ¿De qué manera se puede limitar o eliminar los derechos y libertades en una democracia? ¿En qué momento deja de ser democracia?

C. **Emociones y estados físicos.** Marca todos los adjetivos que describen cómo te sientes en las siguientes situaciones.

Me siento...	alterado (*upset*)	decepcionado (*disappointed*)	fastidiado (*irritated*)	descompuesto (*sick*)	mareado (*dizzy*)
1. Tu compañero/a de cuarto ha comido toda la tarta de chocolate que compraste ayer.	❑	❑	❑	❑	❑
2. Tu ex-novio/a sale ahora con tu mejor amiga/o.	❑	❑	❑	❑	❑
3. A pesar de que pasaste la noche en vela estudiando para el examen final, has sacado una mala nota.	❑	❑	❑	❑	❑
4. Tu perro de 13 años está muy enfermo y no sabes qué debes hacer con él.	❑	❑	❑	❑	❑
5. Estás en un avión y de repente hay muchas turbulencias.	❑	❑	❑	❑	❑
6. Tienes dolor de cabeza y ganas de vomitar.	❑	❑	❑	❑	❑

D. **¿Vos sabés quién sos?**[1]
- ¿Qué rasgos[2] suelen compartir los miembros de una familia? ¿Cómo reaccionas cuando alguien te dice que eres igual a tu padre/madre/hermano/a?

---

1 **¿Vos sabés quién sos?** *Do you know who you are?* Campaña de H.I.J.O.S. (Hijos e Hijas por la Identidad y la Justicia contra el Olvido y el Silencio) en Argentina para localizar a los hijos de los desaparecidos que fueron secuestrados junto a sus padres o que nacieron en centros clandestinos de detención.
2 **rasgos** *features*

- ¿Qué elementos forman la identidad y autoestima de una persona? ¿Cuáles consideras los más importantes? ¿Por qué?
- ¿Qué cosas, eventos y personas recordamos de nuestro pasado? ¿Por qué se graban en nuestra memoria?

E. **Y vos, ¿qué decís?** Si *querés* hablar como un argentino, *tenés* que aprender a vosear; es decir, usar el pronombre *vos* en lugar de *tú* con el verbo correspondiente en el presente de indicativo y en la forma afirmativa del imperativo.

Presente de indicativo	Imperativo
1. Vos no me *querés* decir.	*Mirá*.
(Tú) no me quieres decir.	Mira.
2. Vos *sos*... el mejor tipo que conozco.	*Hablá* con Miguel.
(Tú) eres... el mejor tipo...	Habla con Miguel.
3. Vos no *sabés* lo que *decís*.	*Perdoname*.
(Tú) No sabes lo que dices.	Perdóname.
4. No sé de qué me *hablás* (vos).	*Abrí* la puerta, por favor.
No sé de qué me hablas (tú).	Abre la puerta, por favor.

Práctica 1. Cambia las formas verbales de *vos* a las de *tú* en estos fragmentos de *paula.doc*.

a. ABUELA: Ya *sabés* que no me gusta que me hables en ese tono. Y... Si no *querés* venir *hacé* como quieras. ¿No *decís* que ya *sos* grande? Está bien, no *tenés* obligación. (p. 9)
b. MIGUEL: No *podés* ir sola. No *conocés* a nadie, te *podés* perder. (p. 17)
c. MIGUEL: *Tomá* las llaves de casa. Te *quedás* y mañana temprano te llevo yo. (p. 17)
d. MIGUEL: ¡*Mirá* que *sos* chinchuda! (p. 18)

Práctica 2. Ahora cambia de *tú* a *vos*.

a. ¿Por qué no *vuelves* mañana?
b. ¿Qué *haces*? ¿Qué pasa?
c. ¿*Eres* de por aquí?
d. ¿Te *sientes* mal?

PAULA.DOC

I. ABUELA—PAULA

(Casa de Paula. Una cocina amplia, limpia y excesivamente ordenada. Paula, veinte años, morocha,[1] con una cabellera lacia e importante, está sentada a una mesa. Viste unos jeans algo gastados, un sweater tipo polera color crudo[2] y zapatillas de tela. Sobre la mesa
5 *hay un bolso mediano con cierre, y una taza. Aparece su abuela. Lleva ruleros[3] en la cabeza, cubiertos por un pañuelo oscuro atado con minuciosidad.[4])*

ABUELA.— ¡Qué temprano! ¿Ya te vas?

PAULA.— *(Muy descompuesta,[5] en una postura encogida.[6])* No.
10 Todavía no.

ABUELA.— ¿Hago mate,[7] querés?

PAULA.— Ya preparé para vos. Yo estoy tomando té.

ABUELA.— ¡Qué! Seguís descompuesta...

---

1 **morocha** *brunette*
2 **color crudo** *off white*
3 **ruleros** *curlers*
4 **con minuciosidad** *carefully*
5 **descompuesta** *queasy*
6 **postura encogida** *hunched over*
7 **mate** *a tea-like hot beverage*

PAULA.— No... *(Suspira. Va a decir algo y se interrumpe.)*

ABUELA.— ¿Vas para el negocio, no? ¿Abrís vos hoy? *(Sin esperar respuesta.)* Abrigate...

PAULA.— ¿No me das el gamulán?[8] *(Abuela la mira extrañada.)* Tengo ganas de ponérmelo. Qué.

ABUELA.— No, nada. Es que está tan viejo... *(Coloca pava[9] y mate sobre la mesa. Registra[10] el bolso.)* ¿No volvés?

PAULA.— No sé... Dale traémelo.

ABUELA.— Está muy viejo, nena. ¿Para qué lo querés...?

PAULA.— Ya te dije: para ponérmelo.

ABUELA.— Debe estar todo apolillado.[11] Te va a quedar grande. Mejor ponete la campera[12] nueva...

PAULA.— Me quiero poner el gamulán. ¿Dónde está que lo busco? *(Va saliendo.)*

ABUELA.— *(Alzando la voz.)* No me revuelvas nada, que ni yo sé dónde está...

(Paula ya entró. Ella aprovecha y da una revisada al bolso.)

(Paula vuelve con el gamulán puesto, que le da en verdad un aspecto deplorable. Está manchado,[13] percudido[14] y algo roto y vuelto a coser desprolijamente.[15])

ABUELA.— Pero está muy feo... Volverás mañana a la mañana, ¿no? *(Paula no contesta.)* Mirá que el lunes temprano tenemos que ir allá... y no pensarás ir vestida así. *(Señalando descalificatoriamente[16] el gamulán.)*

PAULA.— *(No sabe cómo empezar a hablar. Duda pero finalmente se anima.)* Abuela... yo no voy a ir.

---

8 **gamulán** *sheepskin jacket*
9 **pava** *teapot used to make and serve mate*
10 **registra** *searches*
11 **apolillado** *moth-eaten*
12 **campera** *jacket*
13 **manchado** *stained*
14 **percudido** *full of holes*
15 **desprolijamente** *messily*
16 **descalificatoriamente** *disapprovingly*

ABUELA.— ¿Cómo que no ? Vamos todos los años...

PAULA.— *(Interrumpiéndola.)* Pero este año no. Yo no voy a ir más... ¿para qué?

ABUELA.— *(Secamente.)* Donde sea que uno recuerde a sus muertos ellos lo reciben.

PAULA.— ¡Sí, a los muertos!

ABUELA.— *(Tocada.)* Cada uno alivia su sufrimiento como puede. A mí me hace bien... ¿Qué otra cosa puedo hacer ?

PAULA.— *(Suspira. Luego, por el saco.[17])* ¿Viste que me queda bien?

ABUELA.— La verdad: te queda como la mona.[18] *(Sin darle tiempo a responder, cambia.)* ¿Y a vos qué te pasa que ahora cambiaste de parecer?[19]

PAULA.— Nada. Que... no me gusta ir ahí. Que ya soy grande. Que quiero... ¿Qué parecer? *(Enfática cada vez que usa el verbo parecer.)* Si a mí nunca me pareció nada. Yo siempre te acompañé porque te pareció a vos, y ahora me parece que ya puedo decidir sola. ¡¿Qué te parece?!

ABUELA.— *(Muy nerviosa.)* No me digas así. Ya sabés que no me gusta que me hables en ese tono. Y... Si no querés venir hacé como quieras. ¿No decís que ya sos grande? Está bien, no tenés obligación.

PAULA.— *(Sin ganas.)* Perdoname... *(Le extiende la mano y la abuela accede tomándosela.)* ¿Por dónde vivíamos allá?

ABUELA.— No sé.

PAULA.— ¿Cómo no sé?

ABUELA.— Bueno, no me acuerdo. *(Le suelta[20] la mano y se incorpora para recoger los utensilios.)* Si ya tomaste el té andá que se te va a hacer tarde, que yo también me tengo que sacar los ruleros. Después me queda muy tomado,[21] andá.

---

17 **saco** *jacket*
18 **Te queda como la mona** *It looks terrible on you*
19 **cambiaste de parecer** *you changed your mind*
20 **Le suelta** *She lets go*
21 **tomado** *curly*

PAULA.— Es temprano, no tengo apuro. Y vos tampoco, sentate...
70 ¿Dónde vivíamos?

ABUELA.— *(Molesta y de pie.)* No sé, no me acuerdo.

PAULA.— Cómo no vas a acordarte...

ABUELA.— *(Por el gamulán.)* Mirá, todo descosido[22]...

PAULA.— ¿Y cuando ibas... ? ¿Eh... ?

75 ABUELA.— No me cambies de tema, ese saco...

PAULA.— *(Interrumpiendo. Enfática.)* Este saco es lo único que tengo. VOS no me cambies de tema. Decime dónde era.

ABUELA.— En ese entonces yo salía poco, andaba mal de los bronquios.

80 PAULA.— Pero más o menos por dónde. Si vamos, sabés llegar...

ABUELA.— Cerca de la estación. Pero más, no me acuerdo.

PAULA.— Entonces, una vez ahí, seguro que te ubicás.[23]

ABUELA.— No, Paula. No, te digo que no me acuerdo.

PAULA.— *(Suspira con fastidio.)* ¿Y si vamos hoy en vez del lunes?
85 Yo te acompaño al cementerio y después...

ABUELA.— *(Interrumpiéndola.)* No, Paula. La fecha es el lunes... y además hoy tenés que salir...

PAULA.— ¿Qué fecha? ¡¿Qué fecha?! *(Pausa. Luego más amable.)* ¡Dale! Me quedo y vamos, ¿eh?

90 ABUELA.— Por Dios, Paula. Ya te dije que no. No me voy a acordar. *(Saturada.[24])* ¡Andá de una vez!

PAULA.— Vos no me querés decir. No me vas a decir que ya te olvidaste...

ABUELA.— *(Muy alterada[25] la interrumpe.)* No empecemos de
95 nuevo, si querés, dejate puesto eso, a mí no me importa...

---

22 **descosido** *ripped*
23 **te ubicás** *you'll find the place*
24 **saturada** *losing her patience*
25 **alterada** *upset*

PAULA.— *(Interrumpiendo.)* Claro, a vos qué te importa, que yo le dé valor a esto y lo quiera...

ABUELA.— *(Interrumpiendo.)* Vos me comprendiste muy bien lo que quise decir. *(Algo llorosa.)* No sé por qué hoy me querés pelear... *(Paula resopla[26] por el costado[27] con fastidio.)* Mejor hablá con Miguel, yo no me acuerdo.

PAULA.— *(Vuelve a la carga.)* Pero... ¿Por qué? ¿Por qué siempre con Miguel, con Miguel? ¿Cuál es el misterio? ¿Por qué vos no me podés decir dónde queda...? ¿Por qué no me querés decir, eh?

ABUELA.— No es que no quiera, es que... ¡No me acuerdo!

PAULA.— Eso no es verdad. *(Abuela se sorprende sin intentar decir palabra.)* Sabés qué: no te creo. No te creo nada. Vos no me querés decir. Nunca me querés hablar de eso. Siempre que te cuente Miguel. Pero... ¿Vos que te pensás...? ¿Que porque las cosas no se nombren, no se digan, no pasan? *(Altanera.[28])* ¡Quiero que me digas ya...!

ABUELA.— *(Lloriqueando[29] interrumpe.)* Para qué, querida... *(Paula la atraviesa con la mirada.[30])* Es que... yo no te quiero hacer un mal...

PAULA.— ¿Y vos qué sabés lo que a mí me hace mal? ¿Qué es lo que me puede hacer mal... a ver...?

ABUELA.— *(Vencida, se sienta.)* Yo no sé donde queda la casa, Paula. Yo nunca estuve ahí. Para esa época tu mamá y yo estábamos... *(Busca la palabra, sin mirarla.)* Distanciadas. *(Pausa.)*

PAULA.— ¿Y yo? *(Abuela no contesta, se pone otra vez de pie.)* ¡Abuela, ¿y yo?!

ABUELA.— *(Sin mirarla, con un hilo de voz[31])* Vos estabas con ella. Esa desgraciada noche estabas con ella.

PAULA.— *(Confundida.)* ¿Yo...? ¿Y por qué nunca me lo dijiste, por qué? *(Se pone de pie.)* Es espantoso,[32] abuela. Es horrible que

---

26 **resopla** *exhales*
27 **por el costado** *through corner of her mouth*
28 **altanera** *haughty*
29 **lloriqueando** *whining*
30 **la atraviesa con la mirada** *(Paula) looks right through her*
31 **hilo de voz** *in a weak voice*

nunca me lo hayas dicho. ¡¿Te das cuenta que yo tenía razón?! ¡Y el tío... ! ¡¿Por qué?!

ABUELA.— El no tiene la culpa. Yo creí que era mejor esperar un momento mejor. No sé, cuando tuvieras edad para comprender. ¡YO le pedí que no te dijera nada! Vos crecías linda, inteligente... hasta feliz... y cada vez se me hacía más difícil...

PAULA.— *(Llena de ira.[33])* ¿Feliz?! Pero... ¿Vos me miraste bien a mí? ¿Feliz? Vos no sabés lo que decís. No tenés idea de nada. ¡Me engañaste![34] ¡Todo este tiempo me engañaste!

ABUELA.— *(Exaltada.[35])* ¡Yo no te engañé! ¡Yo hice lo mejor que pude! ¿O no te crié bien acaso? ¡¿O te faltó algo?!

PAULA.— ¡Una madre me faltó, te parece poco!

ABUELA *(Como si se tratara de un torneo[36] de sufrimientos.)* ¡Y yo! ¡¿Yo no había perdido una hija?! Vos no sabés lo que es eso. No podés saberlo. Después de eso no hay nada peor. Es el dolor más grande que puede soportar una madre... ¡Y es para siempre!

PAULA.— *(Casi infantil.)* ¿Y vos sabés lo que es ser chica y no tener mamá... ni papá?

ABUELA.— ¡Sí! ¿Y yo te tenía que hacer sufrir más? ¡Yo no te engañé... yo tenía miedo... !

PAULA.— ¿Miedo de qué?

ABUELA.— No sé... De cómo ibas a reaccionar, de que te enfermaras. ¡De que no me quisieras más! Si no hubiéramos estado peleadas...[37] ¡Quién te dice... ! Tenía miedo de perderte también a vos. Pero yo no te engañé. Vos no preguntabas y yo no te dije nada...

PAULA.— Y para qué te iba a preguntar, mirá ahora... ¡Está bien! Te pregunto ahora...

ABUELA.— *(Negadora.)* ¿Y qué es lo que querés saber?

---

32 **espantoso** *terrible*
33 **ira** *anger*
34 **¡Me engañaste!** *You deceived me!*
35 **exaltada** *overexcited*
36 **torneo** *competition*
37 **Si no hubiéramos estado peleadas** *If we hadn't quarrelled, fallen out*

PAULA.— ¡Por favor, abuela! ¡Que me cuentes! *(Reflexiva.)* Si estaba con ella... Cómo... *(Se interrumpe. Luego, recapacitando.)* ¿Me tenían ellos? ¡Eso! *(Grita y toma a su abuela por los brazos, sin violencia pero con desesperación.)* ¡¿Me tenían ellos?!

ABUELA.— *(Sollozando.[38])* ¡No, no! Querida, quedate tranquila, no.

PAULA.— *(Conmocionada y sin dejar de gritar la suelta y se sienta.)* ¡Bueno, entonces contame! ¡Basta de callarte, basta! ¡Si a vos tampoco te hace bien! ¡¿No te ves?! ¡Decime! ¿No te ves?

ABUELA—*(Acongojada,[39] trata de contenerla.)* Está bien, está bien... pero quedate tranquila. Calmate, mi vida, por favor. *(Vuelve a sollozar. Paula se va calmando.)* Una mañana muy temprano, lloviznaba, todavía casi no era de día. Yo estaba levantada porque no había podido pegar un ojo en toda la noche. Sería un presentimiento, dicen que estas cosas pasan, en eso sonó el teléfono. Un timbrazo[40] que me acuerdo como si fuera hoy. Era una mujer. Pidió hablar con el tío, que en esa época estaba parando acá, ya andaba mal con Miriam. Era una vecina de allá... para avisar. Te tenía ella... que había oído el griterío[41] la noche anterior, salió a la puerta y vio todo...

PAULA.— *(Interrumpiendo, desconfiada.)* ¿Cómo que me tenía ella?

ABUELA.— Y, sí... a esos degenerados no les importaba nada, pero uno que se ve que... *(Suspira.)* Vaya a saber... Te puso en brazos de esta mujer, que apenas pudo[42] nos ubicó. Tu tío te fue a buscar y se encargó de todo...

PAULA.— ¿Y cómo se llamaba? ¿Vecina de dónde?

ABUELA.— De al lado, de al lado.

PAULA.— Pero cómo se llamaba...

ABUELA.— No sé, no te digo que el tío se encargó de todo. *(Pausa.)* Yo no quise saber más. ¿Para qué?

---

38 **sollozando** *sobbing*
39 **acongojada** *upset, distressed*
40 **timbrazo** *loud ring*
41 **griterío** *screaming*
42 **apenas pudo** *as soon as she could*

PAULA.— *(En principio la mira con una mezcla de piedad e ira, luego recapacita.)* Pero si estaban peleadas... entonces... ¿No nos veías desde cuándo?

ABUELA.— *(Rompe a llorar.)* Yo no te conocía Paulita. Te vi por primera vez el día que Miguel te trajo de allá. Vestidita con un pullover grande, porque a la casa no se podía entrar. Así que la señora te puso aquel saquito rojo del hijo, o de la hija, no sé. Vos tenías un año y cuatro meses. Eras tan bonita, con esos ojos negros, grandes, así como los de ella. Y yo te quise tanto apenas te vi. Como si hubiese sabido que venías para ocupar el lugar de tu mamá. Que ya nunca más volveríamos a verla.

PAULA.— *(En medio de una arcada,[43] haciendo un esfuerzo para no vomitar.)* Entonces él sí sabe dónde queda la casa.

ABUELA.— *(Muy conmovida.)* Sí, no sé si todavía se acordará... Con él nunca se dejaron de ver. *(Suspira.)* ¡Cómo se querían! *(Sigue con su propia reflexión.)* Pobre Miguel, él no tiene la culpa, iba de acá para allá, haciendo trámites...[44] Yo no te quise mentir, pero... ¿Para qué íbamos a sufrir más con esto? ¿No teníamos bastante ya? *(La abraza y lloran las dos. Abuela se distancia.)* ¿Y vos por qué querías saber ahora?

PAULA.— *(Como restando importancia.)* No sé... preguntaba. Será que... estoy creciendo... Es parte de mi vida, tengo derecho ¿no?

ABUELA.— *(Prefiere no ahondar.[45])* Bueno, ahora ya lo sabés... ya está.

PAULA.— ¿Y de él?

(Abuela hace un gesto falso de incomprensión.)

PAULA.— *(Con tono de piadoso reproche.)* Abuela...

ABUELA.— Ah, de eso sí que no. Te lo juro por Dios que no sé nada. Los amigos de acá ya no la veían, y allá... nada. *(Tensa pausa.)* Es como te lo contó Miguel. Es que... con él se confiaba más. Se había ido para allá porque le habían llenado la cabeza con lo de ser maestra rural. ¡Si allá no es campo! No sé para qué. Una tarde que vino a verme me comunicó la novedad, de que iba a tener un hijo, así

---

43 **arcada** *heave*
44 **haciendo trámites** *taking care of business*
45 **ahondar** *to further the discussion*

sin pelos en la lengua.⁴⁶ Yo no estaba de acuerdo con cómo estaba procediendo, la manera de hacer las cosas... ¡sola!... Si el muchacho la quería... pero a ella nunca le importó lo que yo opinaba, así que... Discutimos muy fuerte y ella se fue diciendo que no quería verme nunca más. *(Vuelve a sollozar.)* Cuando pasó todo hacía ya dos años que no la veía. Yo pensaba que cualquier día iba a volver y que nos íbamos a arreglar. Que entre una madre y una hija no podía ganar el rencor...⁴⁷ *(Rompe en llanto.)* Pero no pudo ser...

PAULA.— *(Haciendo un esfuerzo por ocultar su propia turbación.)* Bueno, abuela, no llores más, hiciste lo que pudiste. Yo te quiero mucho, y estoy segura que ella también te quería, no llores más.

ABUELA.— *(Enjugando sus lágrimas con un pañuelito que saca de la manga.)* No, si ya se me pasa. Yo también te quiero mucho. Ahora andá, y no tomes frío. *(La observa.)* Ese saco, no está para poner, está tan viejo... *(Paula hace un leve gesto de desagrado.)* No, si yo comprendo, no te creas...

PAULA.— *(Le da un beso y toma el bolso.)* Chau. *(Ya en la puerta.)* ¿El tío Miguel cuándo viene?

ABUELA.— No sé, está muy ocupado con lo de la exposición. ¿Por?

PAULA.— No, nada. *(Paula le tira un beso juntando sus dedos sobre su boca y arrojándolo al aire en dirección a la abuela. Inmediatamente después sale desencajada.⁴⁸)*

ABUELA.— ¡Llamame por teléfono! *(Paula ya se fue.)*

---

46 así, sin pelos en la lengua *without mincing words*
47 rencor *hard feelings*
48 desencajada *shaken*

II. PAULA—MIGUEL

(Galería de Arte. Hombre de cincuenta años, aparenta menos edad. Da la impresión que se esfuerza por tener aspecto más juvenil. Viste vaqueros[1] y camisa de jean. Cabello negro, corte desprolijo. Da órdenes de cómo colgar[2] a un par de muchachitos de overall que luego
5 *se pierden por detrás. Paula está con él. Apenas los muchachos salen continúan dialogando en voz baja.)*

MIGUEL.— El lunes después del vernissage[3] arreglamos; ahora mejor andá que[4] estos cabrones[5] trabajan a reglamento[6] y me faltan tres todavía.

10 PAULA.— No puedo esperar hasta el lunes.

MIGUEL.— Bueno, pero... hoy no hay banco.

PAULA.— Dejame sacar del negocio, no necesito mucho.

MIGUEL.— Paula, ¿por qué no esperás? El lunes lo hablamos mejor, te lo prometo.

15 PAULA.— Es que quiero salir mañana.

MIGUEL.— ¿Y no vas a estar para mi exposición?

PAULA.— Sí, claro. ¿Cómo no voy a estar? Voy y vuelvo.

MIGUEL.— Morocha, esperá, sé buena. Me gustaría acompañarte, qué sé yo. Esperá a que termine todo esto y después lo hablamos mejor
20 y vemos. *(Le da un beso.)* Ahora andá; te prometo que te voy a ayudar en todo. El lunes, ¿eh?

PAULA.— Yo no necesito que me ayudes ni que me acompañes, lo único que necesito es un poco de plata. Saco de la caja, ¿sí?

MIGUEL.— No es eso Paula, no es la guita[7]...

25 PAULA.— ¿Y entonces?

---

1 **vaqueros** *jeans*
2 **colgar** *to hang*
3 **vernissage** *art exhibit opening*
4 **mejor andá que** *you should leave because*
5 **cabrones** *bastards (vulgar)*
6 **a reglamento** *on contract*
7 **guita** *dough (money)*

MIGUEL.— No quiero. No podés ir sola. No conocés a nadie, te podés perder.

PAULA.— *(Risueña.)* Pero, ¿qué decís? ¿Cómo me voy a perder?

MIGUEL.— Paula, por favor, no tengo tiempo. Estos cretinos se me van a ir, cualquier cosa te llamo esta noche y vemos, ahora andá por favor.

PAULA.— *(Ofendida.)* Está bien; veo como me arreglo.[8] Chau.

MIGUEL.— Paula...

PAULA.— Yo me voy a arreglar, te dije.

VOZ DE UNO DE LOS MUCHACHOS: "*¡Jefe, ya está el grande, venga a ver!*"

MIGUEL.— *(Grita.)* Sí, ya voy. *(Vuelve a Paula.)* Paula, no me vuelvas loco. *(Algo alterado.*[9]*)* Andá y no te vas a ningún lado sin que vos y yo hablemos.

PAULA.— *(Desafiante.)* ¡Bueno, hablemos!

MIGUEL.— *(Decididamente enojado le grita contenidamente por el ámbito.*[10]*)* ¡Basta, Paula! Y te prohíbo que vayas hasta allá sola ¿entendiste?

(Paula lo mira con no menos ira que tristeza, se da media vuelta y se va. En un breve instante él se enoja, duda y se arrepiente. Sabe que ella no le hará caso. Corre, la alcanza y la toma por un brazo.) Tomá las llaves de casa. Te quedás y mañana temprano te llevo yo.

PAULA.— *(Toma las llaves de mala gana.*[11]*)* Sólo llevarme.

MIGUEL.— *(Sonríe.)* Dame un beso.

PAULA.— Dame vos. *(Él la besa; ella pone la mejilla,*[12] *entonces él la abraza y ella cede*[13] *y lo abraza también, pero es quien pone distancia primero.)* Chau.

MIGUEL.— *(Algo melancólico.)* Chau.

---

8 **veo como me arreglo** *I'll manage*
9 **alterado** *upset*
10 **contenidamente por el ámbito** *keeping his voice down*
11 **de mala gana** *reluctantly*
12 **mejilla** *cheek*
13 **cede** *she gives in*

III. MIGUEL—PAULA

(Casa de Miguel. Un espacio luminoso y confortable. Un cuadro que representa la carta del loco en el tarot, atravesado por un ancho de espadas,[1] a la carbonilla,[2] es el único objeto en la pared. Paula camina de un lado al otro en una espera llena de ansiedad. Lleva puesto el gamulán y su bolso está sobre la mesa, junto a un reloj despertador y una taza de café humeante. Miguel aparece.)

PAULA.— *(Sabe que él está próximo. Gritando.)* ¡Ya está el café!

MIGUEL.— Acá estoy. Llegué tan tarde que no te quise despertar ¿Dormiste bien?

PAULA.— *(Secamente.)* Sí.

MIGUEL.— *(Tratando de entrar en conversación. Por el cuadro.)* ¿Viste al nuevo huésped?

PAULA.— ¿Es nuevo?

MIGUEL.— No, qué va a ser. Es de mi época de carbonilla, es más viejo que vos. No te gusta.

PAULA.— Y... no.

MIGUEL.— A mí tampoco. Lo que pasa es que el "Homenaje a Goya" me lo pidieron para ahora y la pared había quedado fea... *(Ella sigue indiferente.)* ¿Me hacés una pipa?

PAULA.— Tengo el estómago revuelto.

MIGUEL.— ¿Te sentís mal?

PAULA.— No. El café me dio acidez. Té no tenés más.

MIGUEL.— *(Por la pipa.)* Cargámela solamente entonces. ¿O es que estás enojada?

PAULA.— *(Haciéndose la desentendida[3] comienza a hacerlo.)* ¿Por?

MIGUEL.— Qué sé yo, digo. Por lo de ayer... ¡Mirá que sos chinchuda![4] Me tomo esto rápido y salimos. *(Breve silencio.)* Aunque

---

1 **ancho de espadas** *a Tarot card*
2 **a la carbonilla** *in charcoal (a work of art)*
3 **haciéndose la desentendida** *pretending not to understand*
4 **sos chinchuda** *you are grumpy*

tendríamos que ir en la semana si querés ir a la escuela...

PAULA.— Es que... no voy a la escuela. La tal Alicia me espera esta tarde en un bar: "El Maracaibo".

MIGUEL.— *(Sorprendido.)* ¡Ah! ¿Y cómo la ubicaste?[5]

PAULA.— *(Sobradora.[6])* Preguntando... Había llamado el viernes a la escuela y me atendió ella misma. Todavía debe estar arrepintiéndose, ahora es bibliotecaria.

MIGUEL.— No me habías dicho nada...

PAULA.— *(En tono de reproche.)* Bueno, si es por eso...

MIGUEL.— *(La interrumpe.)* Ves que estás enojada...

PAULA.— No, no, en serio. *(Breve silencio.)*

MIGUEL.— Así que... ya habías hecho espionaje[7] por tu cuenta. Esa mina no te va a dar bola,[8] a mí nunca me quiso ver.

PAULA.— Creo que a mí tampoco me quiere ver, fue porque la enganché[9] directamente. Tuve que rogarle casi. Al final me dijo de un bar, y... "*¡Media hora!*" Tiene más tono de directora que de bibliotecaria.

MIGUEL.— *(Enciende su pipa. Paula hace un gesto de asco.[10])* ¿Qué tenés? Andás mal del estómago me dijo la abuela ayer por teléfono.

PAULA.— Ya te tuvo que llamar. ¿Y qué más te dijo?

MIGUEL.— Y... La abuela sufrió mucho, y sufre. A su modo ella...

PAULA.— *(Interrumpiendo.)* Sí, ya entendí. Yo no estoy mal con ella, ni con vos. *(Suspira.)* Me dijo que eran buenos hermanos. ¿Cómo era mi mamá?

MIGUEL.— Tu mamá era un bombón.[11] *(Se ríe.)* Yo le decía así por uno que siempre pasaba por la puerta y le decía: "¡Adiós, bom-

---

5 **ubicaste** *did you find her*
6 **sobradora** *acting superior*
7 **espionaje** *detective work*
8 **Esa mina no te va a hacer bola** *That chick isn't going to give you the time of day*
9 **enganché** *caught*
10 **asco** *disgust*
11 **bombón** *cutie-pie, sweetheart*

bón...!" Un tipo de la cuadra,[12] cuando éramos pibes.[13] A ella no le gustaba un carajo,[14] pero se lo bancaba,[15] y hasta le sonreía. Decía: "Pobre, viene de trabajar". De chica con un sentimiento tan noble por la gente... *(Se conmueve.)* Ella era un bombón, una confitura[16] en el mismísimo centro de la mierda.

PAULA.— ¿Y vos?

MIGUEL.— ¿Yo qué?

PAULA.— Cómo lo decís... ¿Acaso vos no eras un muchacho sensible, bueno, noble también?

MIGUEL.— Dijiste bien, yo era...

PAULA.— No. Vos SOS. Vos sos el tipo más... ¡El mejor tipo que yo conozco!

MIGUEL.— *(Bromeando.)* ¿Mejor que Dante? *(Paula hace un gesto de descalificación.[17])* Comprendo, comprendo... El mejor tipo viejito de cincuenta, ¿no?

(Ella asiente sonriendo. El se puso serio otra vez.)

MIGUEL.— No te creas, a esta altura tengo mis serias dudas.

PAULA.— ¿Por qué?

MIGUEL.— A mí no me pasó nada, ni siquiera tuve que irme.

PAULA.— ¿Y qué? ¿Eso es ser culpable de algo acaso? ¿O te fue muy fácil quedarte?

MIGUEL.— ¡Carajo, si no fue fácil! Cagado hasta las patas[18] al volver cada noche. Siempre por otro camino. Tramando en el trayecto[19] siempre un plan distinto y mejor por si al llegar veía algo raro. Pasando cada mañana de la alegría miserable de comprobar que no habían venido a la angustia de pensar que entonces todavía podían venir... cada día. Nadie compraba nada. Tener un familiar desapare-

---

12 **tipo de la cuadra** *guy on the block*
13 **pibes** *kids*
14 **no le gustaba un carajo** *she couldn't stand him (vulgar)*
15 **se lo bancaba** *she would put up with him*
16 **confitura** *a sweet*
17 **gesto de descalificación** *dismissive gesture*
18 **cagado hasta las patas** *scared to death (vulgar)*
19 **tramando en el trayecto** *making up along the way*

cido era como tener lepra.[20] Hasta algunos cretinos que se llenaban la boca con MI ARTE: galeristas, marchands, todos se hacían los giles,[21] ¡Bah... ! Menos mal que Miriam les insistió a los viejos con lo del negocio, pobre flaca...

PAULA.— ¿Todavía la querés?

MIGUEL.— No. Lo nuestro se fue pudriendo[22] sin remedio hasta que no hubo más nada que hacerle. Por mí, no por ella. La falta de guita, un hijo que alimentar, educar. La imposibilidad de un proyecto digno. El miedo... sobre todo el miedo. El miedo es como tragarse[23] la noche más oscura y sentir que una vez adentro tuyo ella va a devorarte a vos. Comiéndote de a poco: primero el deseo, después la voluntad, las palabras, los colores... *(Se quiebra.[24] Disimula.[25] Sorbe[26] el final de su café.)* Listo. La seguimos por el camino..., pero si estás descompuesta mejor...

PAULA.— *(Interrumpiendo.)* No es nada. El miércoles me indigesté y todavía me dura un poco.

MIGUEL.— ¿Y Dante?

PAULA.— Ahí... bien.

MIGUEL.— Mmm... ¿Eso quiere decir que ya le llegó su infierno?

PAULA.— No. Es que tiene mucho laburo.[27]

MIGUEL.— Pero algo pasa. Si no, no te hubieras quedado a dormir conmigo. ¿O no? No me digas... *(Ella admite con un gesto escéptico.)* ¿Y cuál es el problema? ¿Qué le pasa ahora?

PAULA.— Nada.

MIGUEL.— Nada, no.

PAULA.— A él no le pasa nada.

MIGUEL.— ¿Y a vos?

---

20 **como tener lepra** *like having leprosy*
21 **se hacían los giles** *were acting like jerks*
22 **se fue pudriendo** *gradually fell apart*
23 **tragarse** *to swallow*
24 **Se quiebra** *His voice breaks*
25 **Disimula** *He hides his feelings*
26 **Sorbe** *He sips*
27 **laburo** *work*

110 PAULA.— Tampoco. ¿Vamos?

MIGUEL.— ¡Te enamoraste de otro !

PAULA.— ¡No!

MIGUEL.— ¡Qué lástima! Pero... ¿Están peleados?[28]

PAULA.— No.

115 MIGUEL.— ¿Y no quiso acompañarte? *(En broma pero insistente con el tema.)*

PAULA.— Es que... no le dije nada.

MIGUEL.— ¡Ahh... ! Están peleados. ¿Entonces?

PAULA.— Entonces nada. El tío curioso no preguntó más, porque...
120 se dio cuenta que su sobrina no le iba a contar más nada. *(Le alcanza una campera[29] de cuero.)* ¿Vamos, que es tarde?

MIGUEL.— *(Simpático, poniéndose la campera.)* Si te hizo algo malo le parto la mandíbula.[30]

PAULA.— No hizo nada malo, tío. ¡Cortala! *(Le da una fuerte ar-*
125 *cada. Va hacia un ventanal, abre apenas y asoma la cabeza. Él está muy atento.)* Ya cierro, es por el humo. *(Se produce un largo silencio. Él se queda pensativo observándola. Ella cierra.)* ¿Vamos?

MIGUEL.— *(No puede dejar de especular. Le sobreviene un presentimiento. Pregunta tímidamente.)* ¿Vos... no estarás embarazada?
130 *(Ella no contesta.)* ¡Paula!

PAULA.— ¡No!

MIGUEL.— Mirame *(Se miran. Él se sienta.)*

PAULA.— *(Ella se encamina hacia la puerta haciéndose la desentendida.)* ¡¿Qué hacés?! ¿Qué pasa?

135 MIGUEL.— ¿Por qué no me decís la verdad? ¿O no sabés que contás conmigo para lo que sea? *(Enfático.)* Lo que sea... *(Silencio.)* Paula, vení. *(Ella va sin ganas. El la sienta sobre sus rodillas, le corre el pelo de la cara.)* Estás embarazada. ¿No es cierto?

---

28 **¿Están peleados?** *Are you on the outs?*
29 **campera** *jacket*
30 **le parto la mandíbula** *I'll break his jaw*

PAULA.— *(Al principio duda, luego se ve sin salida, él la conoce bien.)* Todavía no sé lo que voy a hacer, y trataba de que nadie interfiriera en mi decisión. No es por otra cosa... en algún momento te lo iba a decir.

MIGUEL.— Pero ¿por qué... ? *(Desconcertado.)* ¿Y Dante?

PAULA.— El quiere que vivamos juntos, tenerlo, todo eso. El no tiene problema. El problema soy yo, pero él no me entiende.

MIGUEL.— *(Preocupado.)* Y... la verdad es que... sos muy chica... ¡Ponerte a criar[31] ahora! No sé... *(Resopla.)* ¿Sabés de cuánto estás?

PAULA.— No con exactitud, pero... de todas formas lo voy a decidir pronto.

MIGUEL.— Pero... ¿Lo querés tener?

PAULA.— Como querer... no sé... es raro. Desde que me enteré...[32] me siento rara... todo el tiempo. Es como si extrañara algo que no existe... Yo necesito irme para allá.

MIGUEL.— *(La trae contra su pecho.)* Te entiendo morocha, claro. Siempre supe que algún día iba a llegar el momento en que no te iba a alcanzar con los relatos acaramelados de la abuela, pobre vieja... Ni con mis anécdotas, tan inútiles como melancólicas. Y me alegro por eso, yo estoy con vos... pero tener un hijo...

PAULA.— *(Inquieta, se despega[33] de él.)* Es que yo... estoy muy confundida... porque... ¿Sabés qué me pasa también? Que siento que algo debe haber, que no sé qué es... si me decís, un olor, una persona, algo, no sé... es una sensación... Pero sea lo que fuere, si yo lo encuentro va a ir a parar a acá. *(Se para y se toca el vientre.)* Y entonces si yo tengo este hijo... *(Va encontrando las palabras a medida que lo dice, eufórica, como si lo estuviera viendo.)* El día que nazca y le vea la cara... va a ser al mismo tiempo como si mi mamá me viera a mí de nuevo por primera vez: como... como si me pariera a mí misma...[34] ¡Desde el fondo de su corazón... ! ¡Como un corte de manga[35] a la noche esa de la que vos me hablabas! ¿Entendés? *(El*

---

31 **ponerte a criar** *to start to raise (a child)*
32 **me enteré** *I found out*
33 **se despega** *she separates*
34 **como si me pariera a mí misma** *as if I were giving birth to myself*
35 **corte de manga a** *giving the finger to*

170 *asiente sin hablar.)* Pero antes tengo que... *(Como si lo descubriera en ese instante.)* ¡Saber quién soy! *(Breve pausa.)* ¿No?

MIGUEL.— *(Asiente con la cabeza.)* ¿Vamos? *(Se levanta de la silla.)*

PAULA.— Esperá...

175 MIGUEL.— ¿Qué pasa ahora?

PAULA.— Quiero ir sola.

MIGUEL.— ¿Vamos a discutir[36] igual que ayer?

PAULA.— No, no. Ayer... ayer era otra cosa... de caprichosa...[37] puede ser. Pero ahora... ¡Me voy a ir sola!

180 MIGUEL.— Paula, por favor... estando... ¡No podés ir en el tren, no! Además hice malabarismos[38] para que los tipos de la galería vayan hoy domingo, y a la noche...

PAULA.— Aprovechá y dormí la siesta. Si yo no te despertaba seguías de largo...[39] Te llamo por teléfono, dale... *(Le guiña[40] un ojo.)*

185 MIGUEL.— *(Terminante.)* No. Si querés podemos ir también a la casa de la señora de Rossi.

PAULA.— ¿Quién?

MIGUEL.— La vecina, la de al lado...

PAULA.— ¿La que me... ? *(No puede terminar la frase.)*

190 MIGUEL.— *(Asintiendo.)* Yo te espero en el auto, no me meto... *(Saca del bolsillo de la campera un papelito junto a unos billetes de dinero)* ¿A ver? Sí, acá puse la dirección... *(Guarda en el bolsillo, otra vez todo.)* Tantos años.

PAULA.— *(Suplicando[41] casi.)* Tío, por favor...

195 MIGUEL.— No. *(Cambia.)* ¿Un abrigo más decente... ? *(Se quita la campera.)* Ponete ésta.

---

36 **discutir** *to argue*
37 **caprichosa** *fussiness*
38 **hice malabarismos** *I did a juggling act*
39 **seguías de largo** *you would have kept on* (*sleeping*)
40 **guiña** *she winks*
41 **suplicando** *begging*

PAULA.— *(Enojada.)* Sos igual que la abuela. ¡Termínenla! *(Cerrándose el gamulán.)* Es lo único que tengo y me lo quieren quitar...

MIGUEL.— Está bien. *(Deja a un lado su campera.)* Pero por lo menos ponete un pullover, algo de más abrigo... *(Saliendo.)* Te voy a buscar uno *(Paula resopla. El va para adentro.)*

PAULA.— *(Algo fastidiada, rápida le grita.)* ¡Traéme el marroncito, ése que a mí me gusta... ! *(Sin esperar respuesta saca el papelito y algo de dinero del bolsillo de la campera de Miguel, toma el bolso presurosamente y sale sin hacer ruido.)*

MIGUEL.— *(Desde adentro.)* No lo encuentro... ¿Ese no te lo habías llevado la otra vez? *(Aparece con un sweater en la mano.)* Ponete éste, el ot... *(Advierte que no está allí.)* ¡Paula! *(Se da cuenta que se fue. Se sienta. Sonríe tristemente.)* Llamame.

IV. VECINA *(Señora de Rossi)*—PAULA

(Es la casa de la señora de Rossi. A la entrada en un estante hay una estatuilla de la Virgen de Luján, la foto de un hombre mayor y una vela blanca apagada. Las dos están sentadas a una mesa de fórmica. La mujer lleva puesto un tapado[1] y su cartera[2] está sobre la mesa. Paula sigue con su gamulán y su bolso. Están conversando. La casa es fría. Paula está achuchada.[3])

VECINA.— La verdad es que nunca pensé que iba a volver a verte...

PAULA.— Bueno, yo no supe de usted hasta hace muy poquito. Mi tío y mi abuela... Ellos no querían que yo sufriera más de la cuenta. Pero ahora... necesitaba venir.

VECINA.— Claro, claro. *(Mira su reloj pulsera.)* Vos dirás en qué te puedo servir...

PAULA.— *(Está muy ansiosa y algo descompuesta. La mira a los ojos.)* Señora, ¿por qué me amparó?[4]

VECINA.— *(Como avergonzada.[5])* Bueno... yo no. Yo hice lo que me pareció mejor. Yo nunca me metí en nada, pero acá en el barrio no era la primera vez que pasaba una cosa así. Esta zona estaba muy brava,[6] siempre aparecían a llevarse gente. A la chica de Felipe, el del colectivo escolar[7] le pasó así, pero a los dos días apareció. Dijeron que había sido un error. Claro, si la chica pobrecita no andaba en nada, y tu mamá... La verdad es que yo pensé que iba a pasar lo mismo. Y bueno, por eso. ¡Qué iba a hacer! No te iba a llevar a la comisaría[8] ¿no? Si después iba a ser más lío.[9] Mejor que te llevara con tu familia.

PAULA.— Pero usted ni los conocía...

---

1 **tapado** *coat*
2 **cartera** *purse*
3 **achuchada** *shivering*
4 **amparó** *helped*
5 **avergonzada** *embarrassed*
6 **bravo** *wild*
7 **colectivo escolar** *school bus*
8 **comisaría** *police station*
9 **más lío** *more complications*

VECINA.— A tu abuelita no, y nunca la conocí, pero a tu tío sí. Lo había visto en una revista que me mostró la Mirta, una que vive acá a la vuelta, que la hija estudiaba bellas artes y lo había visto una vez por el barrio, parece. Yo de pintura, la verdad, no entiendo, y menos conocer pintores. Pero después un día tu mamá conversando me dijo que sí, que era él. Un día que llegaba de la escuela, ¡estaba así... ! *(Hace gesto de panza[10] con los brazos.)* Yo le decía: "¿No le dan la licencia[11] en esa escuela todavía?" Ella se reía y me dijo, todavía me acuerdo: "Es que me la quiero guardar toda para cuando nazca. Ahora qué me importa..." *(A Paula se le llenan los ojos de lágrimas y la mujer lo registra.)* Y bueno... después busqué en la guía, porque los pintores no son de cambiarse el nombre como los artistas.[12] Y así fue, lo encontré. Nos vimos en un bar de Padua, acá no se podía. Mi marido se había dado cuenta que todavía andaban por el barrio. No sé para qué. Pero por las dudas... *(No sabe qué decir, no le gusta la situación.)* ¡Qué se le va a hacer!

PAULA.— Usted me salvó la vida de alguna forma.

VECINA.— No, querida. Yo sólo atiné a agarrarte.[13] Me acuerdo la cara del soldadito, era jovencito. Parecía que a él tampoco le gustaba lo que estaban haciendo los otros... eran como cinco más. Vos llorabas mucho y él te quería hacer callar, para calmarte, por las buenas. Te hamacaba...[14] hasta que otro, se ve que el que mandaba, le gritó: "¡Dásela a la señora... !" *(Pausa.)* Yo estaba ahí nomás, en la vereda...[15] Y se fueron. Me quedé helada como quien dice, con vos en los brazos. En eso apareció mi finado marido,[16] y me hizo entrar. No entendía nada, ni él ni yo. El no quería problemas, pobre. Siempre fue un poco chúcaro,[17] pero de buen corazón, y cuando veía que no parabas de llorar... te miró con una tristeza... que sólo cuando se le murió la madre. Dio un golpe seco en la mesa y dijo: "¡Perón y la puta que te parió!" Después me palmeó la espalda[18] y se fue a dormir. Eso quería decir que podía tenerte en la casa. Calenté un poco de leche y

---

10 **panza** *belly*
11 **licencia** *leave of absence*
12 **artistas** *actors*
13 **atiné a agarrarte** *I was just lucky to get hold of you*
14 **Te hamacaba** *He was rocking you*
15 **vereda** *sidewalk*
16 **finado marido** *deceased husband*
17 **chúcaro** *wild*
18 **me palmeó la espalda** *he patted me on the back*

te la fui dando con cucharita. El Damián ya hacía rato que había dejado la mamadera,[19] y al buen rato te dormiste. *(Señala.)* Ahí, conmigo. En ese sillón nos quedamos... Y ya está.

60 PAULA.— Mi mamá... ¿Cómo era?

VECINA.— Y... la verdad es que mucho no la traté. Sólo cuando ella volvía de la escuela. Me lo traía al Damián con ella. Me hacía ese favor para que no cruzara solito la vía,[20] y yo lo esperaba en la puerta. Ahí charlábamos ese ratito, cosas de vecinos nada más. Al 65 principio, cuando recién se mudó yo más que nada le preguntaba por el Damián, porque el chico era medio... lento como quien dice. Ella me decía que no lo mortificara,[21] que eso no quería decir nada, que ya iba a ver que un día iba a hacer todos los progresos juntos. Y así fue: ingeniero químico, quién lo iba a decir. ¡Si lo viera el padre! 70 ¡Qué cosa...! Después al tiempo ya se le notaba la barriga,[22] y bueno, yo nunca le pregunté nada de... *(Confidente.)* Porque ella vivía sola... *(Decepcionada.[23])* Ella tampoco, nunca nada. *(Suspira.)* Pero sí charlábamos del embarazo. Me preguntaba de cuando yo tuve al Damián. Ella estaba segura que iba a ser una nena. Yo le decía: "No se ilusio- 75 ne, mire si después le sale varón". Cuando volvió del hospital, sí. Fui a saludarla, la única vez que entré. Ella estaba chocha.[24] Casi ni me dejó tenerte un rato en brazos. ¡Ya te celaba[25] que Dios mío! También estaba otra maestra de la escuela. Se ve que eran amigas porque la estuvo ayudando hasta que pudo andar. Por eso yo siempre había 80 creído que no tenía mamá... en un momento así... *(Paula se pone mal otra vez. La mujer cambia de tema.)* ¿Y vos a qué te dedicás, estudiás?

PAULA.— Sí. Estoy haciendo el ciclo básico de la universidad, para historia del arte, y además trabajo en el negocio de mi tío, una libre- 85 ría artística.

VECINA.— ¡Mirá vos! ¿Y no pinta más?

---

19 **mamadera** *baby bottle*
20 **vía** *train track*
21 **que no lo mortificara** *not to give him a hard time*
22 **barriga** *belly*
23 **decepcionada** *regretful*
24 **chocha** *delighted*
25 **te celaba** *she wanted you all to herself*

PAULA.— Sí, sí. Pero puso el negocio para su ex mujer y mi primo... y para mí.

VECINA.— Ah, qué lindo... *(La mujer vuelve a mirar su reloj pulsera.)* Bueno, se me está haciendo la hora para la misa. *(Suspira.)* Tu casa era ésta de acá. *(Señala a su derecha.)*

PAULA.— Sí, me imaginé, porque del otro lado ya está la vía... Pero al llegar había un hombre en el jardín. Parecía medio... borracho y no me animé a hablarle, preferí verla a usted antes.

VECINA.— Sí. Es un... intruso,[26] digamos. Hace tiempo ya que vive acá. Pobre, está solo y a veces... *(Gesto con el pulgar.[27])* Le da a la botella. Está un poco... *(Hace un gesto revoleando la mano por sobre su cabeza.[28])* Después de... bueno, de lo de ustedes... la dueña no apareció más. Se habrá muerto, no sé. La casa quedó ahí, sin nadie que la reclamara. El dice que es pariente de la señora, pero yo no creo. Bah, que Dios lo ayude, total no le hace mal a nadie. Nomás que a veces se emborracha, pero no molesta. No lo visita nadie... Debe ser solo también. Si querés otro día con más tiempo yo te acompaño hasta al lado. Si no está ahí está acá en la estación, de mañana suele estar sobrio[29] el pobre.

(La mujer se levanta, Paula también.)

PAULA.— ¿La trataban mal? ¿La llevaban encapuchada?[30]

VECINA.— Nooo, de eso no me acuerdo nada. No sé... no. Yo en la oscuridad casi tampoco los vi.

PAULA.— Y ella... ¿Gritaba, algo?

VECINA.— Apenas la vi de atrás cuando la metían en el camión. ¡Y sí... ! *(Como si olvidara de pronto.)* Gritaría, no sé... Yo salí porque escuché gritos por los fondos...[31] Pero serían ellos, quién sabe. *(Como lamentándose.)* No sé, querida, fue hace tanto...

PAULA.— La maestra... la amiga... Alicia será, ¿no sabe?

VECINA.— Esa, sí. Una muchacha rubia, señorita, soltera, sí.

---

26 **intruso** *intruder*
27 **Gesto con el pulgar** *Gesture with the thumb* (*indicating drinking*)
28 **revoleando la mano por sobre su cabeza** *gesturing that he is crazy*
29 **sobrio** *sober*
30 **encapuchada** *with head and face covered*
31 **por los fondos** *out back*

PAULA.— *(Yendo hacia la puerta.)* El bar... Maracaibo... cruzando la ruta... ¿No... ?

VECINA.— Sí, del otro lado, por esta misma esquina. ¿Tenés que verte con alguien?

PAULA.— Con Alicia, pero si el bar es ése, ya me plantó.[32]

VECINA.— ¡Ah... ! Pero mañana lunes en la escuela... ahí la tenés que encontrar seguro. *(Se oye muy cerca el silbato de un tren que pasa muy ligero.)* Son menos cinco. Si venís otro día, a lo mejor...

PAULA.— Sí, claro, disculpe.

(La mujer va hacia el improvisado altar. Mira a Paula a los ojos.)

VECINA.— ¡Cómo te parecés a ella! Hoy voy a rezarle a la Virgen. Yo no sé si vos creés... *(Mientras la mujer toma unos fósforos que hay allí y enciende la vela, Paula niega. La mujer no lo registra.)* Pero ella te va a acompañar, vas a ver. *(La mira otra vez.)* Ella es madre. *(Le da un beso muy tierno.)* Adiós.

PAULA.— Adiós, y gracias. *(Sale.)*

---

[32] **ya me plantó** *she already stood me up*

V. PAULA—ALICIA

(Es la escuela. Un pequeño mástil con una banderita argentina, rígida, de cartón, sobre un escritorio. Alicia, de impecable guardapolvo[1] blanco lleno de alforzas,[2] está de pie frente a él ordenando un pequeño fichero[3] con dedicada concentración. Lleva pequeños lentes de lectura. Paula entra sumamente descompuesta y desaliñada.[4] Lleva su bolso y el gamulán puesto. El cabello desprolijamente[5] recogido en una cola,[6] atado con un pañuelo. Está demacrada y ojerosa,[7] algunos mechones de pelo[8] le caen en la frente. Se acerca a Alicia con decisión.)

PAULA.— ¿Alicia?

ALICIA.— ¿Sí? *(Vuelve la cabeza y queda impresionada al verla. Trata de disimular.)* ¿Qué desea?

PAULA.— Soy Paula. *(Breve silencio.)* Como ayer la estuve esperando hoy me vine hasta acá para que podamos hablar.

ALICIA.— ¡Ah! Sos vos... Bueno, te pido disculpas. *(Sin tono de ello.)* Es que los domingos por lo general recibo visitas. Te lo quería decir, pero vos insististe... Me cayó gente. Aunque en este momento va a ser imposible, en dos minutos toca el timbre y esto se llena. *(Justificándose.)* Ya nadie quiere enseñar. "Hora de lectura" le dicen ahora, y me mandan lo peor de cada grado para que no molesten. *(Suena el timbre.)* Bueno, ya ves, debo tener atrasado el reloj. Si querés llamarme otro día... aunque no sé para qué. Yo no tengo nada que pueda decirte. Tu mamá y yo sólo fuimos compañeras, poco tiempo, nada más.

PAULA.— La señora de Rossi dice que eran amigas...

ALICIA.— ¿Quién?

---

1 **guardapolvo** *robe (used to protect one's clothing)*
2 **alforzas** *pleats*
3 **fichero** *index card box*
4 **desaliñada** *unkempt*
5 **desprolijamente** *messily*
6 **recogido en una cola** *gathered in a ponytail*
7 **demacrada y ojerosa** *haggard-looking, with rings under her eyes*
8 **mechones** *locks (of hair)*

PAULA.— La vecina de al lado... de la casa. Que usted acompañó a mi mamá cuando ella me tuvo.

ALICIA.— *(Indiferente.)* Circunstancialmente, un favor a una compañera simplemente. Ahora voy a pedirte que te vayas porque estoy trabajando.

PAULA.— La espero, tengo tiempo.

ALICIA.— Faltan dos horas para la salida.

PAULA.— Podría quedarme y leer un libro...

ALICIA.— Esto no es una biblioteca pública, querida.

PAULA.— Señora... esto es muy importante para mí.

ALICIA.— Está bién. Volvé cinco y cuarto.

PAULA.— *(Paula se ve realmente achuchada.)* Prefiero quedarme, por el frío. Además, necesitaría ir al baño... Es una emergencia.

ALICIA.— *(Está muy alterada pero no se anima a negarle el baño.)* Saliendo, por el pasillo, la puerta del fondo.

(Paula sale muy descompuesta. Mientras tanto Alicia se levanta bruscamente, como siguiendo un repentino impulso. Guarda el fichero, se quita los anteojos y también se pone un tapado marrón sobre el guardapolvo y guantes de cuero finito beige. Paula vuelve con el saco desabrochado y los contornos de la cara y los cabellos de la frente mojados, como si se hubiera lavado. El pañuelo que sujeta el cabello está mojado también.)

ALICIA.— Me mandaron llamar del concejo escolar,[9] así que va a tener que ser otro día.

PAULA.— ¿No me puedo sentar un poco? Me siento mal...

ALICIA.— *(La observa y se da cuenta que es verdad.)* Está bien, pero no tengo demasiado tiempo, ya te dije.

PAULA.— *(Mientras se sienta, habla en voz alta y sin misterio, con inocencia.)* Yo creía que usted y mi mamá eran amigas...

ALICIA.— *(De pie, bajando la voz.)* Ya te dije, buenas compañeras.

PAULA.— Pero usted la visitaba... La señora de Rossi...

---

9 concejo escolar *school board*

ALICIA.— *(Interrumpiéndola.)* Unicamente cuando vos naciste. Ella estaba sola acá. Yo le había dicho: "Si necesitás algo..." Así, de compañera, y ella me mandó llamar desde el hospital por teléfono. Estaba sola, habías nacido vos, y bueno... la ayudé los primeros días en lo que pude.

PAULA.— ¿Y después? La siguió viendo acá en la escuela...

ALICIA.— No, no. Ella no se reintegró hasta después de las vacaciones de invierno y a mí ya me había salido el pase al turno de mañana. Yo en esa época tenía grado,[10] había empezado a estudiar derecho y además mamá ya era una señora mayor y me necesitaba en casa. Así que no tenía demasiado tiempo para otra cosa... ya ves...

PAULA.— Pero se habrán cruzado alguna vez aunque sea, seguían en la misma escuela...

ALICIA.— Sí, tal vez, pero muy de pasada. Un saludo, como mucho.

PAULA.— ¿Y en alguna asamblea?[11] *(Pausa)* Digo...

ALICIA.— *(Terminante.[12])* Jamás. A mí todo eso de la política siempre me pareció muy turbio...[13] y encima inútil. Yo soy maestra. Yo a la escuela siempre vine a trabajar. Lo demás no me interesa. Si total, con cualquier gobierno los maestros siempre estamos cada vez peor. ¿O acaso alguno pudo cambiar algo? *(Con resentimiento.)* Aunque las maestras de ahora son más vivas, cualquier cosita extra dicen: "No es mi tarea" ¡y se acabó! Si hasta las planificaciones se pasan. Yo no me quejo porque es mi trabajo y lo cumplo lo mejor que puedo.

PAULA.— *(Incisiva.)* ¿Y mi mamá? Ella iba a las asambleas, ¿no?

ALICIA.— Tu mamá sí, claro. Ella era distinta.

PAULA.— ¿Y qué le decía?

ALICIA.— ¡Ah, no...! *(Incómoda.)* Ella sabía cómo pensaba yo. Por eso, mucho contacto no teníamos, así que... bueno, no tengo más tiempo. Todavía tengo que pasar por Dirección... *(Paula se pone de*

---

10 **tenía grado** *I taught a grade school class*
11 **asamblea** *meeting*
12 **terminante** *decisive*
13 **turbio** *shady (business)*

pie, pero al hacerlo se tambalea algo mareada[14] *y se apoya*[15] *sobre el escritorio. Alicia la observa.)*

ALICIA.— ¡¿Qué te pasa?! ¿Estás enferma?

PAULA.— No. Es que anoche no dormí bien, y hace mucho frío. Ya se me va a pasar.

ALICIA.— *(La mujer se conmueve a su pesar.*[16]*)* Bueno, voy a ver si me queda algo de té. *(Saca un pequeño termo de su bolso y sirve en su tapa-jarrito un resto de té. Se lo ofrece.)*

PAULA.— Gracias.

ALICIA.— Todavía está bastante caliente así que te va a hacer bien.

PAULA.— Sí.

ALICIA.— No lo tomes a mal, pero ya sabés... En cuanto termines el té...

PAULA.— *(Interrumpiéndola.)* Usted no quiere hablarme de ella ¿no?

ALICIA.— *(No sabe qué contestar.)* Tu mamá era una buena persona, si eso te puede ayudar, pero por favor...

PAULA.— Alicia, yo no sé por qué no quiere hablarme de ella, pero quiero que sepa que para mí es muy importante cualquier cosa que usted pueda decirme... ¿Si yo le dijera que una vida depende de eso?

ALICIA.— *(Alterada al borde del exabrupto.*[17] *Cierra la puerta con brusquedad contenida y se le para al lado, muy cerca.)* ¡¿Una vida?! ¡Y yo qué tengo que ver! Yo no me meto en la vida de nadie... ¡¿Qué vida?! ¿Qué tengo que ver yo? Mirá, no sé lo que me tratás de decir, pero te aclaro que no es mi problema, ¡¿me entendiste?! No me vas a embarullar[18] con esas palabras. Cada uno es responsable de sus actos... y querés que te diga: ¡tu mamá se la pasaba buscando lío[19] en el gremio![20] Cuando yo la pude ayudar lo hice. Cuando vos naciste era una cosa, pero con lo otro yo no me podía meter. Nadie se podía me-

---

14 **se tambalea algo mareada** *she staggers somewhat dizzy*
15 **se apoya sobre** *she leans on*
16 **se conmueve a su pesar** *she is moved in spite of herself*
17 **al borde del exabrupto** *about to explode*
18 **embarullar** *to confuse*
19 **buscando lío** *looking for trouble*
20 **gremio** *(teachers') union*

ter, ella era muy caprichosa. Creía que le iban a hacer caso sólo porque tuviera razón... Si ni las que al principio estaban con ella la querían escuchar ya. Hasta ellas la dejaron sola. No sé para qué se empeñaba en[21] defenderlas tanto. ¿O te creés que eran estúpidas? ¡El miedo no es zonzo... ![22] *(Se va aflojando,[23] como si no fuera dueña de sus palabras.)* Yo le tenía un gran aprecio, y hasta la admiraba, si se puede decir así. Parecía que nunca tenía miedo de nada... Eramos tan distintas, y sin embargo ella supo hacerse querer. Acá te enterabas todos los días de que a Fulano, o a Sultano se lo habían llevado... ¡Si hasta yo tenía miedo, y no sabía por qué! *(Pausa.)* Una nochecita me llamó por teléfono. Me extrañó porque hacía rato que ya no nos veíamos, ni siquiera en el entreturno...[24] *(Pausa.)* ¿Dónde estaban las amigas revolucionarias que se creían superiores porque hablaban difícil, ¡como despreciándola[25] a una!? Ella no, ella no era así, por eso la embromaron.[26] Ella era auténtica. ¡Y me estaba pidiendo a mí! ¡A mí... ! *(Pausa.)* Con esas mismas palabras: "¿Y si yo te dijera que de eso depende una vida?" ¡Yo tenía que pensarlo! ¡No podía llevarla a mi casa, con una criatura[27] y en esa situación! ¡¿Si venían para allá?! ¡Además estaba mamá... ! Pero ella era tan insistente, que me arrancó la promesa de al menos pensarlo. Era muy intuitiva, y se ve que había empezado a preocuparse. Al mediodía siguiente, toda la escuela ya sabía que se la habían llevado los militares. *(Breve silencio.)* Nunca hablé de esto con nadie, acá menos que menos. Si hasta le hicieron figurar una licencia[28] para tapar la cosa, y nadie saltó. ¡Nadie! Yo creía que la mejor forma de olvidar eso era callarme para siempre... pero si igual...Yo lo sabía. Tenía la voz de ella acá repitiéndome siempre lo mismo: "¿Si yo te dijera que de eso depende una vida?" *(Se toca insistentemente la frente, como si quisiera borrar esas palabras de su mente.)* No dormía bien, además mamá se había enfermado y ya no podía ir a la facultad. Al final me dieron la biblioteca porque el médico me diagnosticó un surmenage...[29] *(Pau-*

---

21 **se empeñaba en** *she would insist on*
22 **zonzo** *stupid*
23 **aflojando** *weakening*
24 **entreturno** *break*
25 **como despreciándola** *as if showing disdain*
26 **la embromaron** *they hurt her*
27 **criatura** *baby*
28 **figurar una licencia** *make up a maternity leave form*
29 **surmenaje** *depression*

sa. *Una congoja[30] contenida se evidencia en su voz.)* Nunca dejé de
150 preguntarme: si yo la hubiese ayudado... *(Suspira.)* Bueno, eso es
todo, ahora ya lo sabés, así que... andate... por favor.

PAULA.— *(Compasiva.)* ¿Nunca pensó que a lo mejor si la vida le
hubiera dado más tiempo tal vez lo habría hecho?

ALICIA.— ¡Todo este tiempo! Y siempre me contesté que sí. Pero
155 ahora, para serte sincera... no lo sé.

*(Alicia toma el bolso de Paula y se lo da. Esta se pone de pie, al
tiempo que lo toma y deja el jarrito sobre el escritorio.)*

PAULA.— Entiendo.

ALICIA.— Adiós, Paula.

160 PAULA.— Adiós.

(Paula sale. Alicia cierra la puerta y se queda llorando amargamente.[31])

---

30 **congoja** *distress*
31 **amargamente** *bitterly*

VI. PAULA—VIEJO

(Estación de Tren de un pueblo del Oeste. Paula entra por una escalera lateral. El día es frío y gris a punto de llover. En un banco está sentado el Viejo. No es un hombre demasiado mayor, sin embargo tiene el rostro ajado, los ojos enrojecidos[1] y la postura algo encorvada. No es un linyera,[2] sus ropas están sanas, pero desprende un hedor amargo[3] de licor barato y suciedad. Ella lo ve y se le sienta al lado.)

PAULA.— *(Abrigándose el cuello con la solapa del gamulán.)* ¿Tardará mucho?

VIEJO.— No. Ahora pasan seguido. *(La mira como si reconociera a alguien. Pausa.)* Usted... ¿Yo la conozco?

PAULA.— No creo.

VIEJO.— *(Cabizbajo y misterioso.)* ¿Usted es de por acá?

PAULA.— Más o menos.

VIEJO.— *(Larga una risa socarrona,[4] sin mirarla.)* Más o menos, más o menos, ahora todo es más o menos. ¿Qué me quiere decir... linda?

(Paula no contesta. No le gusta su actitud ni su olor. Se levanta y se asoma para ver si viene el tren. El hombre levanta la cabeza y aprovechando que ella no lo mira, la observa con detenimiento. Tararea[5] algo para sí. Ella se vuelve repentinamente, entonces él se le acerca con mirada escudriñadora.[6])

VIEJO.— ¿Tendrá una moneda que le sobre?[7]

PAULA.— *(Siente rechazo,[8] algo de asco, pero a la vez quiere entablar diálogo con él, se le ocurre algo.)* Yo le doy una moneda pero... por una pregunta...

---

1 **rostro ajado, los ojos enrojecidos** *wrinkled face, reddened eyes*
2 **linyera** *beggar*
3 **desprende un hedor amargo** *he gives off a bitter stench*
4 **socarrona** *sarcastic*
5 **tararea** *he hums*
6 **mirada escudriñadora** *piercing look*
7 **que le sobre** *extra*
8 **rechazo** *repulsion*

VIEJO.— *(Sin dejar de observarla.)* ¿A mí? *(Ella asiente.)* Como quiera... si tiene una de diez...

(Frota⁹ sus manos mientras Paula saca un monederito de su bolso y extrae una moneda. Titubea.¹⁰ Finalmente se anima.)

PAULA.— Usted... ¿Me dejaría conocer su casa?

VIEJO.— *(Tocado, se vuelve para no mirarla.)* ¿Mi casa? ¡Ja! Pero eso no es una pregunta, eso es un pedido... ¡Flor de pedido¹¹ para una señorita... ! *(Gira sobre sí con decisión y la mira de arriba a abajo.)* Usted es maestra.

PAULA.— No.

VIEJO.— *(Insistente.)* Parecía maestra.

PAULA.— Pero no me contestó.

VIEJO.— Chica... yo no tengo casa. Si no... ¿Se piensa que me pasaría el día acá hueveando?¹² ¿O me vio cara de ferroviario?¹³ *(Paula lo mira confundida. No contesta.)* Bueno, ya le respondí, la monedita sil vu plé...¹⁴

PAULA.— Sí, claro.

VIEJO.— ¡Gracias! Mis hijos se lo agradecerán eternamente. *(Comienza a irse.)*

PAULA.— ¿Tiene hijos?

VIEJO.— *(Se vuelve.)* ¿Eso es otra pregunta?

PAULA.— No. *(Ahora saca un billete de diez pesos. La billetera le queda a la vista y el bolso abierto.)* ¿Puedo hacerle otra ?

VIEJO.— ¿Por esos diez? *(Ella asiente.)* Y... metalé. Minuto Odol en el aire: Tic Tic Tic...¹⁵ Bueno dele...

PAULA.— ¿Usted no estaba ayer en la casa de al lado de los Rossi, acá a la vuelta ?

---

9 **frota** *he rubs*
10 **titubea** *she hesitates*
11 **flor de pedido** *a huge request*
12 **hueveando** *wasting time (vulgar)*
13 **¿O me vio cara de ferroviario?** *Or do I look like a railroad worker to you?*
14 **sil vu plé** *please (from French: s'il vous plaît)*
15 **Minuto Odol en el aire: Tic Tic Tic** *phrase from a popular TV quiz show*

VIEJO.— ¡Ah! Era eso.

PAULA.— Usted vive ahí... ¿Sí o no?

VIEJO.— *(Serio.)* Esa pregunta está fuera de concurso. *(Ella lo mira desorientada, vencida. El la mira fijo unos segundos, la toma de un brazo, confidencial, la lleva a un aparte.)* ¿A qué estamos jugando...? *(Vuelve a mirarla.)*

PAULA.— *(Desconcertada.)* ¿Cómo?

VIEJO.— Si usted ya sabe para lo que yo estoy ahí.

PAULA.— No. ¿Para qué?

VIEJO.— *(Algo fastidiado.[16])* ¡Vamos...! *(Paula hace un gesto de asombro.)* Y... para qué va a ser... ¡para que no vengan!

PAULA.— ¿Quiénes?

VIEJO.— ¡Ellos, ellos! ¡¿Quiénes van a ser?!

PAULA.— *(Confundida, igual le sigue la corriente[17] para saber de qué habla.)* ¡Ah...! ¿Son malos? Ellos...

VIEJO.— *(Mirándola fijo.)* ¡Parece mentira...! *(Resopla.)* Y... ¡Una mierda son!

PAULA.— Y ahora... ¿por qué no está allá, entonces?

VIEJO.— *(Niega con la cabeza.)* Ellos son como los murciélagos,[18] salen de noche.

PAULA.— ¿Y no tiene miedo?

VIEJO.— ¿Yo...? *(Repentinamente se encoge.[19])* ¡No! ¿De qué? *(Niega reiteradamente con la cabeza gacha.[20])* Si uno es bueno no tiene de qué tener miedo... *(Duda, luego enloquece y grita.)* Un hombre que no es malo no puede tener miedo... ¡Yo no soy malo! ¡yo no soy malo!

PAULA.— *(Tratando de detener su exaltación.)* Está bien, está bien, si yo le creo.

---

16 **fastidiado** *annoyed*
17 **le sigue la corriente** *she goes along with him*
18 **murciélagos** *bats*
19 **se encoge** *he shrugs*
20 **cabeza gacha** *head bowed*

VIEJO.— *(Enajenado,[21] la mira fijamente.)* Tenga cuidado.

PAULA.— *(Asustada.)* ¿De qué?

VIEJO.— De ellos.

85 PAULA.— *(Aliviada.)* ¡Ah!

VIEJO.— *(Insistente.)* ¡No venga! ¡Hoy no venga! *(Mira para los costados.[22])* Yo no le dije nada... *(Vuelve a mirar.)* ¡Pero hoy no venga! ¿Entendió?

PAULA.— ¿Que no vaya a dónde?

90 VIEJO.— *(En un susurro.[23])* A su casa... ¿A dónde va a ser?

PAULA.— ¿A... ? *(Muy turbada.[24])* ¿Por qué?

VIEJO.— *(En un susurro.)* ¡Puta, carajo! ¿Usted es o se hace? ¡Van a venir ellos! ¡Me cago... ! ¡Yo no le dije nada!

PAULA.— *(Sin salir de su turbación.)* ¡¿Pero quiénes... quiénes son
95 ellos?!

VIEJO.— Oiga, ¿usted me ve cara de gil[25] a mí? ¡Yo seré medio burro pero no me tome por estúpido, maestra! *(Ella queda paralizada. No contesta.)* Bueno. ¡¿Me entendió bién?!

PAULA.— *(Saliendo del shock.)* ¿Y si voy ?

100 VIEJO.— *(Enojado.)* ¡Ya sabía que no me iba a dar pelota![26] ¡No! ¿No se da cuenta? *(Con desesperación por ser claro.)* Ahora yo ya sé que ésa es su casa. ¡Ahora sé! No me van a cagar más. ¡Hijos de puta! ¡Manga de[27] desagradecidos! No quieren a nadie. *(Con autocompasión.)* Pero yo no soy malo... la maestra es sagrada. La maestra es
105 como la madre. ¿Me entiende? ¡Yo qué sabía que ésa era su casa, maestra! *(El hombre está muy conmocionado. Paula está muy impresionada.[28])* Usted nunca me va a perdonar, ¿no? *(Trata de tomarle*

---

21 **enajenado** *crazy*
22 **para los costados** *from side to side*
23 **en un susurro** *in a whisper*
24 **turbada** *alarmed, worried*
25 **¿usted me ve cara de gil a mí?** *do I look like a jerk?*
26 **dar pelota** *to take (someone) seriously*
27 **manga de** *bunch of*
28 **impresionada** *shocked*

las manos. Paula lo rechaza[29] con violencia y sale corriendo por el andén.[30])

110 *(Todo se oscurece. Se oye el silbato[31] de un tren que llega e inmediatamente después, un grito sordo[32] de Paula.)*

---

29 lo rechaza *(Paula) rejects him*
30 andén *station platform*
31 silbato *whistle*
32 grito sordo *muffled cry*

VII. PAULA—JAVIER

(Bar de la estación. Ubicado en el mismo andén. Javier está detrás de la barra, es un hombre de treinta años pero de aspecto aniñado.[1] Viste un casi ridículo uniforme de cafetero, viejo, color té con leche, de mangas cortas, sobre un grueso sweater azul Francia. Paula está sentada a una mesa, hay una pequeña tacita de café allí. El bar está vacío. Javier comienza a hacer preparativos aparentemente para cerrar. No puede dejar de observarla, quiere hablarle. En el bar no hay ningún tipo de calefacción. Ella parece descompuesta por el frío. El cabello suelto y desgreñado,[2] el pañuelo que lo sujetaba ahora hace de vendaje para su mano derecha. No tiene más el bolso. Parece perdida en sus pensamientos y da la impresión de que tuviera escalofríos.[3] Cada tanto[4] mira para afuera. El se anima.)

JAVIER.— *(Desde la barra.)* ¿Querés otro café?

PAULA.— No. Si tiene que cerrar ya me voy.

JAVIER.— No, tengo abierto toda la noche, costumbres de mi viejo... Aunque ya a esta hora no viene más nadie. Limpio para que no le quede todo a él a la mañana. ¡Invita la casa... ! En serio... ¿No querés? Mirá el frío que tenés.

PAULA.— *(Reconfortada.)* Bueno. Ahora no tengo un peso, hace un rato me robaron, pero mañana vengo y le pago.

JAVIER.— *(Espontáneo.)* Por favor, corazón, ya te sirvo. *(Mientras prepara el café.)* Así que te afanaron.[5] *(Ella asiente con la cabeza.)* Entonces lo que tenés más que nada es susto.

PAULA.— Sí, cuando me subía al tren. Me pescaron distraída, acá mismo. Después me quise bajar y ahí me agarré la mano[6] con la puerta. *(Le muestra la mano vendada. El hace un gesto de dolor.)* Atada me duele menos, pero en el momento creí que me iba a desmayar,[7] vi todo de colores...

---

1 **aspecto aniñado** *baby-faced*
2 **desgreñado** *disheveled*
3 **escalofríos** *chills*
4 **cada tanto** *once in a while*
5 **te afanaron** *you were ripped off*
6 **me agarré la mano** *I caught my hand*
7 **desmayar** *faint*

JAVIER.— Uy. ¡Qué joda!⁸ No, si se te nota la carita todavía... ¿Perdiste mucho?

PAULA.— Más o menos. Lo que más lamento son los documentos. Tener que renovarlos es una historia...⁹

JAVIER.— Eso sí, pero mirá si te caías del tren, ahí sí que te quiero ver... Menos mal que fue sólo la mano... *(Le lleva el café a la mesa.)* Y... ¿Sos de por acá vos?

PAULA.— No. *(Por el café.)* Gracias. La verdad es que estoy muerta de frío...

JAVIER.— Y... ¡Con este tornillo...!¹⁰ ¿Vas para el centro?

PAULA.— No. *(El la mira algo desconcertado.)* ¡Bah, sí! Pero me arrepentí.¹¹

JAVIER.— ¡Ah...! ¿Y qué hacés, trabajás por acá?

PAULA.— No, estoy de paso. *(Comienza a beber el café rápidamente, casi con desesperación, mientras calienta sus manos con la taza.)*

JAVIER.— *(Haciéndose cargo del laconismo¹² de ella.)* Disculpame si te doy la lata¹³ ¿viste? A veces soy medio pelmazo¹⁴ y no me doy cuenta.

PAULA.— *(Mirando para afuera.)* No, si no me molesta. Es que... estaba mirando si veía a alguien.

(Ella se levanta, se asoma¹⁵ a la puerta y vuelve. Al hacerlo, advierte que él la está observando.)

PAULA.— Está lloviendo... *(Se sienta.)* Mi mamá vivió un tiempo acá, pero hace mucho.

JAVIER.— Y qué... tienen parientes... *(Ella niega sonriendo.)* ¿Hace mucho decís?

---

8 **¡Qué joda!** *How awful!* (vulgar)
9 **una historia** *a drag*
10 **tornillo** *intense cold*
11 **me arrepentí** *I changed my mind*
12 **Haciéndose cargo del laconismo de ella** *Recognizing her unwillingness to talk*
13 **si te doy la lata** *if I am bothering you*
14 **medio pelmazo** *a pain in the neck*
15 **se asoma a la puerta** *she looks out the door*

PAULA.— Bastante... Casi veinte años. Mi mamá trabajaba en la escuela de allá del otro lado.

JAVIER.— ¿Cuál, la Treinta y Siete?

PAULA.— Creo que sí, la de Sarmiento.

60 JAVIER.— Sí, es ésa... Yo fui a ese colegio... ¿Y tu vieja enseñaba ahí? ¿Quién es?

PAULA.— Gloria... Márquez. *(Breve silencio.)*

JAVIER.— *(Traga[16] saliva, no sabe bien qué decir. Se transfigura[17] aunque intenta sonreír.)* Fue mi maestra...

65 PAULA.— *(Dudando.)* ¿En serio?

JAVIER.— Sí, posta.[18] En sexto y séptimo... Lenguaje y ciencias sociales... Y vos sos... ¿La hija?

PAULA.— Sí. Me llamo Paula.

JAVIER.— *(Recordando.)* Paula... Claro... ¡Paulita!... ¿Cómo era? 70 *(Hace un esfuerzo, luego recuerda.)* ¡La momina! *(Ella hace cierto gesto de interrogación.)* Bueno, ella te decía así. A veces nos hablaba de vos, y decía así. ¡Lo que son las cosas! *(Le extiende la mano.)* Javier Ponce de León, puro apellido, pero el más burro del colegio. *(Ella le da la izquierda.)* Cierto, la mano...

75 PAULA.— *(Lo interrumpe.)* ¿"La momina"? ¿Así: "Momina"? ¿No sabe por qué?

JAVIER.— Tuteame,[19] Paula, no soy tan viejo. *(Se sienta sin darse cuenta.)* "La momina..." Qué sé yo. Ella te decía: "mamina", "momina", cosas así. A nosotros nos causó gracia[20] eso de "momina", y 80 cuando le preguntábamos por vos, las pibas[21] sobre todo, le decían: "¿Qué hizo hoy la momina, señorita?" Se ve que a ella le gustó y cada vez que te nombraba decía: "Porque Paulita, la momina..." Esto, o lo otro. Siempre nos contaba cosas. Y vos... Si parientes no tenés, ¿qué andás haciendo tan tarde por acá?

---

16 **traga** *he swallows*
17 **se transfigura** *he changes his demeanor*
18 **posta** *indeed, really*
19 **tuteame** *call me tú*
20 **nos causó gracia** *we found it funny*
21 **pibas** *girls*

85 PAULA.— ¡Nada... ! *(Pausa. Lo mira.)* La verdad... *(Pausa. Luego, tomando confianza.)* No sé, qué sé yo... vine a conocer, saber cosas. Yo nací acá.... Y después... Si vos ibas a esa escuela, sabés que...

JAVIER.— *(El asiente con la cabeza.)* Sí. Para ese entonces yo ya había terminado, pero igual acá te enterás de todo, ¿viste? ¿Pero a
90 quién era que esperabas? Es muy tarde.

PAULA.— ¿Yo?

JAVIER.— Sí. ¿No me dijiste que querías ver a alguien o algo así?

PAULA.— Ah, no. Estaba esperando a un señor, un viejo, que andaba hoy por acá. Vive... *(Señala hacia atrás.)*

95 JAVIER.— ¡Ah, sí! ¡El loco Abel! Ese acá no entra. El viejo se lo tiene prohibido. Pero a esta hora ni aparece, es por... Sí, vive ahí, claro.

PAULA.— Sí. ¿Está loco, no?

JAVIER.— Un poco se hace.[22] Pero, sí, yo creo que está rayado.[23]
100 Dice que estudia de noche. Mirá si con esa facha...[24] ¿Vos ya estuviste allá?

PAULA.— No. Lo había visto de pasada y después acá. *(Breve pausa.)* ¿Vos me ves parecida a ella?

JAVIER.— Y... son parecidas. *(La mira detenidamente.)* Bastante
105 diría yo... *(Como si algún gesto de ella se lo revelara.)* ¡Sí! Sos superparecida... *(Comienza a tronar y llover.)* ¡Ah, mierda! Van a caer japoneses...[25] *(Suspira.)* Mirá que parece manso[26] pero, nunca se sabe. Si llegás a ir hacete acompañar por alguien. Dicen que se metió solo. Es raro el tipo. ¡Ojo! ¿Vos le pediste de entrar, le dijiste algo?

110 PAULA.— No. Por eso quería encontrarlo... *(Le cambia de tema.)* Así que... ¿Y qué contaba de mí, mi mamá?

JAVIER.— Y... payasadas que hacen los nenitos.[27] Algunas veces hasta te llevó todo el día a clase. A la directora mucho no le gustaba, pasaba a cada rato por la puerta del aula. Tu vieja la saludaba de

---

22 **se hace** *he pretends to be*
23 **está rayado** *he's crazy*
24 **facha** *with that look*
25 **van a caer japonesas** *it's going to pour*
26 **manso** *harmless*
27 **payasadas que hacen los nenitos** *silly things kids do*

nuevo cada vez. Era graciosa tu vieja. Nosotros la queríamos mucho. A ver qué puedo contarte... Mirá, una vez me acuerdo que una de las pibas se lastimó una rodilla, en un recreo. Ella misma con una paciencia: la limpió, le puso una gasita...[28] La chica... Así, le salió ¿viste? Cuando tu mamá terminó, le estampó un beso. Tu mamá la abrazó, era una piba que no tenía vieja, y le dijo: "¿Sabés que besos tan lindos como ésos sólo me da "La momina"? Ahora voy a saber a quién pedirle cuando la extrañe[29] mientras trabajo". Estaba en todo. *(Paula está inmensamente conmovida. Se larga[30] a llorar intensamente como hasta ahora no lo ha hecho. El sólo la deja sin saber qué hacer. Ella se va recuperando, se seca las lágrimas con la manga del saco, también la nariz.)*

PAULA.— Perdoname, es que...

JAVIER.— *(Estirándole un pañuelo que ella rechaza cortésmente.)* Por mí no te hagas drama.[31] Me imagino cómo deben ser estas cosas. Perdoname vos, que te hice llorar... Te voy a hacer un sanguchito...[32] jamón, queso, ¿querés?

PAULA.— *(Asqueada[33] por la sola mención de la comida.)* No. Está bien, está bien.

JAVIER.— Mirá que estás pálida, seguro que no comiste. Otro café, una...

PAULA.— *(Interrumpiendo.)* No. No me des nada, no tengo hambre. Te agradezco igual: el sándwich y las lágrimas... *(Suspira.)* ¿Me creerías si te digo que me hizo bien?

JAVIER.— *(Se encoge de hombros.)* Mirá, yo estoy al cuete...[34] Si querés charlamos, pero si lo esperás al tipo estás sonada.[35] ¿Por qué no volvés mañana?

PAULA.— Si no te molesto, prefiero quedarme... Por ahí pasa. ¿Y como maestra, era buena?

---

28 **una gasita** *bandaid*
29 **cuando la extrañe** *when I miss her*
30 **se larga** *she starts to*
31 **Por mí no te hagas drama** *Don't worry about me*
32 **un sanguchito** *a little sandwich*
33 **asqueada** *nauseated*
34 **estoy al cuete** *I'm just passing the time.*
35 **estás sonada** *you're crazy*

JAVIER.— ¿Buena? Era la mejor, la más. Pero... Te voy a hacer llorar de nuevo.

PAULA.— ¡No! Si me encantó, en serio. Y si vuelvo a llorar, vos dale, es como si fuera de alegría.

JAVIER.— Sí, pero es de tristeza. ¡Qué bárbaro, ¿no?! Como decía un chabón[36]: hay razones del corazón...

PAULA.— ¡Que la razón no entiende! Es eso. *(Breve silencio.)*

JAVIER.— Fue la única que yo quise. En el grado éramos un montón, sin embargo nunca nos tenía que gritar, todos le dábamos bola,[37] así de una. ¡Magia! Esas minas con algo de... ¡Qué sé yo! Y no es que era una pajarona,[38] no. A la hora de marcarnos con el estudio, no había lola,[39] pero con ella hasta yo estudiaba. En mi casa me veían estudiando y no lo podían creer. Si cuando estaba en sexto, un día hasta... *(Suspira y corta lo que iba a decir, silencio.)*

PAULA.— ¿Y... ?

JAVIER.— Aguantá[40] que voy a apagar la máquina del café. *(Lo hace en silencio.)* ¿Y vos? Estás con tu familia. En el centro, ¿no.. ?

PAULA.— Sí. Mi tío y mi abuela, la mamá de mi mamá.

JAVIER.— Ah, mirá vos...

PAULA.— Papá nunca tuve. ¿Vos sabías?

JAVIER.— *(Inquieto.)* Saber, sabíamos que era soltera, pero la verdad de la milanesa,[41] no. Eramos chicos, no nos iba a andar contando esas cosas. *(Se incomoda.)*

PAULA.— Ni yo lo sé. Ni nadie.

JAVIER.— *(Perturbado.)* ¿En serio?

PAULA.— En serio. Ella nunca quiso decir nada a nadie. Según mi tío, que motivos tenía para ocultar[42] su identidad, pero que yo lo iba a saber en su debido momento. Ese momento nunca llegó. Ni a él que

---

36 **chabón** *guy*
37 **todos le dábamos bola** *we all listened*
38 **pajarona** *pushover*
39 **no había lola** *there was no fooling around*
40 **aguantá** *wait*
41 **la verdad de la milanesa** *the whole truth*
42 **ocultar** *to hide*

era su gran amigo. ¡Un hermanazo! Es un secreto que me dejó huérfana[43] del todo. Parece imposible que nadie sepa nada.

JAVIER.— *(Se incorpora[44] y mira por la ventana, como no dando importancia.)* ¿Tendría algún novio?

PAULA.— Esa es la cuestión, de la gente cercana nadie le conoció ningún novio en esa época. Ni sus amigos. Nadie se lo explica.

JAVIER.— Me voy a servir una ginebrita.[45] ¿Querés?

PAULA.— No, gracias. *(Breve silencio, él va hacia la barra.[46])* ¿Qué me ibas a decir de cuando estudiabas? Que un día...

JAVIER.— *(Volviendo.)* No me acuerdo... Alguna cosa sin importancia será.

PAULA.— *(Nota que él está distinto.)* Mirá que lo que para vos puede ser sin importancia, para mí puede ser de vida o muerte. ¿Era sin importancia o no? ¿Qué es?

JAVIER.— *(Con forzada simpatía.)* ¡Paulita, la Momina! ¡Qué sos insistente! *(Ella lo mira seria.)* ¡Ah, sí! Ya me acordé... Nada, que yo hasta unas composiciones que nos mandaba hacer aparte del cuaderno le hacía. Después ella te las pedía para corregir y no va que el día que había que llevárselas: ¡me las olvido! Yo estaba desesperado. ¡Me las había dejado arriba de la mesa! No sabía qué hacer... Para no tener una mala nota. *(Se afloja.)* Ella se sonrió, siempre se sonreía. Me dijo que pasara por la parroquia...[47] *(Se interrumpe.)*... Y eso. Fui, y todo bien... Pero me llevé un susto... ¿Viste que era sin importancia?

PAULA.— *(Con desconcierto.)* ¿Qué parroquia?

JAVIER.— *(Con falsa indiferencia.)* Una... *(Ella lo mira interrogante. El duda.)* Donde... daba las clases.

PAULA.— *(Asombrada.)* ¿Mi mamá daba clases en una parroquia?

JAVIER.— *(Sin titubeos.[48])* Sí.

---

43 **huérfana** *orphan*
44 **se incorpora** *he gets up*
45 **ginebrita** *a little gin*
46 **barra** *bar counter*
47 **parroquia** *parish*
48 **sin titubeos** *without hesitation*

PAULA.— *(Inquiriendo)* ¿Y en qué año era eso?

JAVIER.— *(Haciéndose el distraído.)* ¿Eso qué?

PAULA.— Cuando daba clases... ¿Cuándo fue que vos le llevaste los deberes?

205 JAVIER.— Y... '75. Era invierno. Sí, '75.

PAULA.— Y ella, ya estaba embarazada. ¿No?

JAVIER.— *(Perturbado.)* No.

PAULA.— ¿Cómo no? Yo soy del '76.

JAVIER.— *(Nervioso e incoherente.)* ¡Entonces estaría, yo qué sé!
210 No me fijé. Si estaba no se le notaba. O sí. ¡No sé!

PAULA.— *(Observando su propio vientre[49] y acomodándose el sweater.)* Bueno, disculpame, y... *(Muy interesada.)* ¿Quiénes más estaban ahí?

JAVIER.— *(Tratando de no mostrar su alteración.)* Y no sé, nadie...
215 Yo fui una vez sola.

PAULA.— Pero cuando fuiste... habría otras personas también. ¿O no?

JAVIER.— *(Restando importancia.[50])* No. Bueno... Pedro.

PAULA.— Ah! ¡Pedro! Ves que... ¿Pedro qué?

220 JAVIER.— No sé, ni idea.

PAULA.— Pero decís Pedro, como si lo conocieras...

JAVIER.— *(Muy turbado.)* Pedro era el cura.[51] Todo el mundo lo conocía por el nombre, pero nada más.

PAULA.— *(Decepcionada.)* ¡Ah... ! *(Especula.)* Y... ¿Vos cómo
225 sabías que ella daba clases ahí?

JAVIER.— Yo no sabía, ella me mandó ahí y punto. Yo fui porque me importaba.

PAULA.— ¿Pero ella daba clases ahí?

---

49 **su propio vientre** *her own abdomen*
50 **restando importancia** *playing down the importance*
51 **cura** *priest*

JAVIER.— *(Harto.*[52]*)* Y... digo yo, nena ¿por?

230 PAULA.— Porque nadie lo sabía. ¿Y... algo más que.. ?

JAVIER.— *(La interrumpe secamente.)* No. Nada más.

PAULA.— Pero...

JAVIER.— *(Vuelve a interrumpirla, antipático.)* Mirá... estee... Paula, yo entiendo que vos estarás queriendo averiguar cosas o vaya a 235 saber qué. Yo no sé cómo es la mano. Yo ni siquiera te conozco. Yo lo que me acuerdo, lo que sé te lo dije. Si vos querés saber algo más te digo dónde queda la iglesia y listo, pero yo no sé más nada... ¿Estamos? *(Pausa. Se da cuenta que fue algo duro.)* ¡Posta corazón, no te ofendas!

240 PAULA.— *(Seria.)* ¿Y por qué me mandás a la iglesia?

JAVIER.— *(Tocado.)* ¡No! Si yo no te mando a ningún lado... Pasa que vos me preguntás de ahí, bueno...

PAULA.— *(Incisiva.)* ¿Pero vos qué me aconsejás? *(El no contesta.)* Tendría que ir a la iglesia esa ¿no?

245 *(El sigue sin contestar. Va hasta detrás de la barra y refriega un trapo rejilla*[53] *con fuerza sobre el mostrador con la cabeza gacha. Ella se acerca.)*

PAULA.— *(Al tiempo que golpea el mostrador con su mano lastimada sin darse cuenta.)* ¡Javier... ! ¡Ay! ¡Ay! *(Llora de todo dolor,* 250 *tomándose la mano.)* No te pido que me cuentes nada si vos no querés. Pero eso ¿no me lo podés contestar por lo menos? ¿Eh? *(Sigue llorando, mientras se limpia los mocos*[54] *directamente con el sweater.)*

JAVIER.— *(Se compadece.)* Mañana a la mañana si querés, yo te 255 acompaño.

PAULA.— *(Recuperándose. Sin mirarlo.)* No. Tiene que ser ahora.

JAVIER.— *(Casi disculpándose, sale de atrás de la barra.)* No puedo dejar el boliche[55] solo. Costumbres del viejo...

---

52 **harto** *fed up*
53 **refriega un trapo rejilla** *he scrubs (the counter) with a rag*
54 **se limpia los mocos** *she wipes her nose*
55 **boliche** *bar*

PAULA.— *(Lo mira casi agradecida.)* No importa, está bien. Explicame cómo llego, y chau.

JAVIER.— Es lejos, ahora está lloviendo.

PAULA.— No, si está parando...

JAVIER.— *(Interrumpiendo.)* ¡Pero además es tarde! ¿Cómo vas a ir ahora?

PAULA.— ¿Y qué? ¿Dios sólo atiende de día?

JAVIER.— *(Está exhausto por la situación y además entiende que ella no le va a hacer caso. Va a la barra y saca algo de dinero de un cajón.)* Tomá. Vas al remisero[56] que está allá del otro lado de la vía... *(Señala.)* ¿Lo ves... ? *(Ella asiente con la cabeza.)* Le decís que te manda Javier, así por lo menos no te viola, y le pedís hasta la iglesia de Villa Rita. "Villa Rita", acordate. El conoce. Mañana a la nochecita estoy de nuevo acá... Y cuidate. "Paulita, la Momina" ¡madre querida!

(Paula toma sólo parte del dinero. El resto lo deja en la barra y rápidamente le da un beso en la mejilla. El se sorprende.)

PAULA.— Para que no me extrañes. ¿Era así, no? *(Sale.)*

---

56 **remisero** *car service driver*

VIII. PAULA—VIEJO

(Ha dejado de llover. Paula se dirige hacia la parada de remises.¹ Va dolorida tomándose la mano. De entre los vapores de la noche aparece el Viejo, bastante ebrio.² Deliberadamente cruza a la vereda por donde ella camina y la enfrenta, interceptando su paso. Paula lo
5 *reconoce. Primero se asusta y luego trata de reponerse.)*

PAULA.— ¡Ah! ¡Hola! *(Pausa. El no contesta. Ninguno de los dos se mueve.)* ¿Se acuerda de mí? *(La observa, mudo.³)* La de esta tarde... La de las preguntas...

VIEJO.— *(Como estudiándola.)* ¡La de las preguntas...! Sí.

10 PAULA.— *(Sin inocencia.)* ¿Por qué? ¿Me confundió con alguien?

VIEJO.— *(Disimulando.)* ¿Yo? No, que la voy a confundir yo. Lo que pasa es que el balde...⁴ *(Se señala la cabeza. Se queda perdido otra vez. Paula intenta salir. El vuelve a interceptarle el paso.)*

PAULA.— ¿Le pasa algo? *(Temerosa.)* ¿Puedo ayudarlo?

15 VIEJO.— ¿Usted a mí? No me haga reír...

PAULA.— Bueno, entonces... Adiós, estoy apurada...⁵

VIEJO.— Oiga. ¿Por qué mejor no me dice de una vez por todas qué es lo que quiere usted conmigo? ¿No le bastaba venir a la noche allá que ahora también me jode⁶ por la calle, y a toda hora?

20 PAULA.— ¿Yo...?

VIEJO.— ¡Usted no me engaña!⁷ *(Se enoja.)* ¡Usted no tiene piedad!

PAULA.— Por favor... déjeme ir. *(Ella logra⁸ escapar.)*

VIEJO.— *(Abatido,⁹ mientras la sigue.)* No se asuste... Si yo no le quiero hacer nada malo... *(La alcanza.)* Por ésta se lo juro. Yo lo
25 único que quiero es que me perdone.

---

1 **parada de remises** *car service stand*
2 **ebrio** *drunk*
3 **mudo** *mute*
4 **balde** *head, noggin*
5 **estoy apurada** *I'm in a hurry*
6 **me jode** *you are bothering me (vulgar)*
7 **¡Usted no me engaña!** *You're not fooling me!*
8 **logra** *she manages to*
9 **abatido** *sad*

PAULA.— Ahora no puedo... Mañana. Mañana hablamos... Donde usted me diga.

VIEJO.— ¡Ay, maestra! ¡Usted juega conmigo! Por favor...

PAULA.— *(Duda, cabizbaja.[10] Suspira. Luego lo mira seria.)* Entonces vayamos a su casa.

VIEJO.— ¿Mi casa... ?

PAULA.— *(Mirándolo fijamente.)* ¿Puede ser?

VIEJO.— No sé para qué pregunta... Si total después se aparece igual. *(En voz baja, con cierta esperanza.)* ¿Entonces... ? ¿Me va a perdonar? ¿Me va a dejar que le explique? *(Paula, mezcla de angustia y espanto,[11] asiente con la cabeza.)*

VIEJO.— *(Desconfiado.[12])* ¿Me lo jura?

PAULA.— *(Respira hondo, como dándose coraje.[13])* Vamos.

VIEJO.— *(Resignado.)* Vamos. *(El se vuelve y comienza a caminar mientras tararea algo. Paula lo sigue detrás. Salen.)*

---

10 **cabizbaja** *with head bowed*
11 **espanto** *fright, horror*
12 **desconfiado** *mistrustful*
13 **dándose coraje** *getting up her courage*

IX. PAULA—VIEJO

(En ese espacio no hay más que un antiguo botiquín,[1] una mesa vieja cuadrada de madera enchapada[2] y una única silla de caño cromado[3] con el tapizado de cuerina[4] azul eléctrico raído, también vieja, como recuperada de la basura. Un colchón rayado[5] verde y amarillo en el
5 *piso apoyado en la otra pared, una almohada sin funda[6] y una frazada[7] vieja y desordenada sobre él. Sobre la cabecera y como único adorno en las paredes un enorme cuadro. Es el retrato de una mujer con un bebé en su regazo[8] hecho a la carbonilla, con una dedicatoria al pie y al sesgo,[9] finamente enmarcado. También hay un sol de no-*
10 *che.[10] Todo esto se verá después, al comienzo no hay más que oscuridad.)*

VIEJO.— Tengo un farolito,[11] a ver si lo encuentro... *(Enciende un fósforo, y con él una vela que hay tirada en el piso.)* Ahora sí. *(Mientras va al sol de noche y trata de hacerlo funcionar, Paula trata de ir*
15 *observando, con dificultad.)* ¡Qué joda! Se murió éste también...

PAULA.— *(Se sobresalta.[12])* ¡¿Qué?!

VIEJO.— No tiene más gas. *(Por la vela.)* ¿Me la tiene?

PAULA.— Sí. *(Toma la vela y trata de recorrer el ámbito[13] con ella desde donde está parada.)*

20 VIEJO.— ¡Eh! ¡Acá, venga! *(Ella se acerca. El saca un paquete de velas de adentro del botiquín. Enciende una con la que Paula sostiene, y luego encenderá las otras y las colocará en botellas vacías mientras ella recorre el lugar.)*

---

1 **botiquín** *cabinet*
2 **madera enchapada** *veneered wood*
3 **caño cromado** *chrome tubing*
4 **cuerina** *imitation leather*
5 **colchón rayado** *striped mattress*
6 **funda** *pillowcase*
7 **frazada** *blanket*
8 **regazo** *lap*
9 **al sesgo** *on the diagonal*
10 **sol de noche** *gas lamp*
11 **farolito** *lantern*
12 **se sobresalta** *she gets startled*
13 **recorrer el ámbito** *to look around the place*

PAULA.— *(Se detiene ante el cuadro y lee en voz alta sin darse cuenta. Temblorosa de frío, nervios y espanto.)* "Para mi novia chiquita y su apasionada madre. Con escaso[14] talento y gran amor, en este día gris de Marzo de 1976. ¡Hasta la victoria siempre! Miguel". *(Se tapa la boca instintivamente.)*

VIEJO.— Usted nunca lo ve cuando viene. ¿Vio que no soy tan malo? *(Paula está sumamente descompuesta y lo va a tratar de disimular todo el tiempo. Lo mira sin decir palabra.)*

VIEJO.— Mire que está rara usted, ¿eh?

PAULA.— ¿Por?

VIEJO.— Digo, porque ya es de noche. Y a la noche...

PAULA.— Vienen... Ellos...

VIEJO.— Hoy no van a venir, quédese tranquila, para eso estoy yo. Pero lo decía por usted. Digo que a la noche... Siempre está enojada.

PAULA.— *(Extrañada.[15])* ¿De noche?

VIEJO.— Sí. No viene como esta tarde, ni como ahora... ¿No se acuerda? *(Pausa. Se atreve a bromear con timidez.)* Parece que el pirado[16] no soy yo sólo, ¿eh maestra?

PAULA.— *(No responde. Por el cuadro.)* ¿Desde cuándo lo tiene?

VIEJO.— ¡Desde siempre! Quiero decir... desde hace mucho. Yo le quiero decir pero usted nunca me da lugar... Yo no podía decir de qué laburaba.[17] A la cana[18] nadie la quiere, la verdad... Y por algo será. Pero yo no era malo, lo mío era un laburo de segunda: informante... ¡Buchón,[19] bah... ! Para qué le vamos a dar vueltas.[20] Pero yo no era malo, usted lo sabe. Yo quería aprender, ¿vio? Cuando yo era pibe la policía era otra cosa, estaba mejor visto. El vigilante[21] era un tipo respetuoso, limpio... De adentro, limpio. *(Pausa.)* Ya estaba grande y no me gustaba laburar... ¿Y a quién le gusta, no? Al

---

14 **escaso** *little*
15 **extrañada** *surprised*
16 **pirado** *crazy one*
17 **de qué laburaba** *what my job was*
18 **la cana** *the cops*
19 **buchón** *tattletale*
20 **Para qué le vamos a dar vueltas** *What's the point of going on about this*
21 **vigilante** *low-ranking security guard*

principio no me gustaba... *(Se queda un instante pensativo, luego suspira y sigue.)* Pero después me acostumbré. Siempre pensando en salir de pobre, tener algo mejor. Para eso tenía que aprender a leer y escribir. Y porque me daba vergüenza[22] también. ¡Si yo ponía el dedo para firmar! Por eso iba a la parroquia...

PAULA.— *(Suspira.)* ¡Ah...! *(Breve pausa.)* ¿A estudiar?

VIEJO.— Y claro, los viernes... *(Extrañado.)* ¿Tampoco de eso se acuerda? *(Paula no contesta.)* Pero a ellos les decía que me enseñaba una tía... Y pensaba: si la maestra supiera que ahora es mi tía. ¡Ja! Ellos se la pasaban diciendo que eso, la parroquia, fíjese, era una cueva de subversivos... ¡Qué iba a ser! Si estaba Pedro, que ése sí que era un cura como Dios manda...

PAULA.— ¿Pedro?

VIEJO.— Sí, Pedro. ¡Pedrito! Ese sí que los cagó lindo...[23]

PAULA.— *(Muy interesada.)* ¿Por qué?

VIEJO.— Y... cuando se les escapó, que se hizo humo... ¡Qué tipo raro ése! Yo no sé cómo era cura...! Si él la quería a usted.

PAULA.— ¡¿Cómo?!

VIEJO.— Bueno, no me va a decir que usted nunca se dio cuenta... *(Se sonríe cómplice, y junta sus dos dedos índices. Paula lo mira interrogante, entre seria y asombrada.)* Digo... si se notaba a la legua...[24] ¡Bah! Que no iba con eso. *(Paula está azorada,[25] él la mira.)* Es que usted... No yo, que todavía tenía a la Marga, pero un poco era para encamotarse.[26] Porque usted maestra... Vea, aunque ahora se hace la mala de noche, yo sé que es para castigarme nomás. Usted es un pan de Dios...[27] Qué va a ser mala usted. Usted para mí era como la vieja... ¡Más, fíjesé! Antes me tenía una paciencia... Porque es verdad, yo era un burro... Y lo sigo siendo, pero menos... Y gracias a usted. El día que pude leer el cartel con el nombre del barrio... ¡Veinte años llegando ahí sin saber qué carajo decía! Y ese día vea... ¡La alegría...! Le dije a la Marga: "¡Marga!: Vivimos en Villa Rita..."

---

22 **me daba vergüenza** *I was embarrassed*
23 **sí que los cagó lindo** *he sure fooled them (vulgar)*
24 **se notaba a la legua** *you could see it a mile away*
25 **azorada** *disturbed*
26 **encamotarse** *to fall in love*
27 **un pan de Dios** *a very kind person*

"¿No me digás?" me contestó la Marga haciéndose la viva. "¡Pero... ! ¡Lo leí, negra, lo leí!" le dije. Nadie me lo había dicho. ¿Me entiende?! ¡Yo lo había leído! ¡Con mis propios ojos lo había leído! *(Breve pausa.)* Le pegué un abrazo a la Marga que casi la hago caer. Y cuando se lo conté a usted... Usted casi también llora, ¿se acuerda? *(Vuelve a mirarla, Paula tiene los ojos brillosos.)* De eso se acuerda, ¿no es cierto? *(Pausa.)* Entonces, digamé... ¡¿Cómo yo iba a deschavarla?![28] Yo no sabía que usted vivía acá ¡qué iba a saber! Si además cuánto hacía que en la parroquia no daban más las clases ni nada. A mí nomás que me mandaron de baquiano,[29] para hacerles de guía a esos mierda, que se creían superiores porque tenían tiras.[30] Ni siquiera conocían la zona. Pero yo... ¡Qué carajo iba a saber que era la casa suya! ¡Ni haca les digo![31] ¡Aunque me hicieran cagar[32] a mí también! *(Breve silencio.)* Yo no soy malo, maestra. Yo soy un perejil, un idiota, nada más. *(Se queda estático, perdido unos segundos. Luego reacciona con gesto compungido.[33])* ¿Me va a perdonar?

PAULA.— ¿Y el cuadro?

VIEJO.— ¡Ah! Cuando terminaban siempre llegaba el camión grande. Hice tiempo en el café y después me vine, a ver si me hacía de alguna cosita. Si total, si no era yo, igual no dejaban nada, y yo necesitaba más. Pero cuando vi el cuadro se me pusieron los pelos de gallina.[34] ¡Era igualita a usted! Me lo agarré[35] para mí. Después casi me sacan a patadas en el culo.[36] Se avivaron[37] que yo no era de los de ellos. Pero los jodí, me llevé otras cositas.

PAULA.— ¿Otras cositas?

VIEJO.— Sí, huevaditas[38] que se habían desparramado...[39]

PAULA.— *(Interrumpe.)* Y ¿qué las hizo?

---

28 **deschavarla** *report you (to the police)*
29 **baquiano** *neighborhood guide*
30 **tiras** *stripes showing rank*
31 **¡Ni haca les digo!** *I would have told them nothing!*
32 **¡Aunque si me hicieran cagar** *even if they had made me talk* (vulgar)
33 **compungido** *remorseful*
34 **se me pusieron los pelos de gallina** *I got goosebumps*
35 **me lo agarré** *I grabbed it*
36 **me sacan a patadas en el culo** *they kicked me out by the rear* (vulgar)
37 **se avivaron que** *they wised up to the fact that*
38 **huevaditas** *trivial things* (vulgar)
39 **desparramado** *scattered*

VIEJO.— Me las traje conmigo, pero si las quiere... ¡Son suyas!

PAULA.— *(Espeluznada pero resuelta.*[40]*)* Por favor.

VIEJO.— No se enoje, yo no se las devolví antes porque usted sólo viene a retarme...[41]

PAULA.— *(Casi olvidando la confusión de él.)* ¿Qué dice?

VIEJO.— De anoche, y de todas las noches. Que me toma la lección, y me trata mal. No se haga la que no sabe, si igual yo sé que me lo merezco.

PAULA.— *(Tratando de comprender.)* ¿Y por qué se queda entonces?

VIEJO.— *(Se encoge de hombros.)* La prefiero a usted mala que a todos los otros buenos. *(Suspira.)* La vida es una mierda, maestra... *(Sale.)*

(Paula con la vela en la mano recorre otra vez el lugar. Descubre un garabato[42] *de niño en una pared a baja altura y la acaricia. El vuelve con una caja de herramientas oxidada y con candado,*[43] *bajo el brazo y una botella de licor en una mano.)*

PAULA.— Usted nunca pintó acá ¿o sí? *(El niega con la cabeza. Ella sigue recorriendo y tocando las paredes.)*

VIEJO.— *(Bebe de la botella.)* ¿Hoy me va a tomar?[44] *(Ella lo mira sin comprender.)* La lección...

PAULA.— No, hoy no. *(Temerosa.)* No tome, ¿para qué?

VIEJO.— Si usted no me toma, yo no tomo. Parece un trabalenguas.[45] ¡Ja!

PAULA.— *(Yendo a la caja.)* ¿Cómo se abre esto? *(Sin contestarle, él va resuelto hasta el botiquín. Queda de espaldas a Paula. Abre el botiquín, saca algo y se vuelve. Empuña*[46] *un cuchillo pequeño y pun-*

---

40 **Espeluznada pero resuelta** Horrified but resolved
41 **retarme** to scold me
42 **garabato** scribble
43 **caja de herramientas oxidada y con candado** rusty toolbox with a lock
44 **¿Hoy me va a tomar?** Are you going to hear me recite today?
45 **trabalenguas** tongue twister
46 **empuña** he brandishes

tudo.⁴⁷ Paula se aleja lo más que puede hasta la puerta con un hilo de aliento.)

VIEJO.— *(Inspirado.)* ¡Esto nos va a salvar! *(Toma la caja y se dispone a abrir el candado con la punta del cuchillo.)*

(Inmediatamente irrumpe la luz escandalosa y fugaz de un relámpago, seguido de un trueno⁴⁸ espantoso que a él lo sobresalta y a ella la horroriza. Paula grita. Ha comenzado a llover intensamente.)

PAULA.— *(Muy alterada.)* Mejor deme esas cosas. ¡Me quiero ir!

VIEJO.— No se asuste, maestra. Es un trueno nomás.

PAULA.— ¡Me quiero ir, démelas!

VIEJO.— *(Sincero.)* Yo no soy malo, maestra. *(Agitando el cuchillo.)* Yo me corto las manos antes de volver a hacerla sufrir... ¡Perdóneme, maestra! ¡Por favor... !

PAULA.— *(Fuera de sí.⁴⁹)* Déme esas cosas ¡Démelas! ¡Yo no soy su maestra, termínela de una vez! Yo soy Paula, PAULA MARQUEZ. ¿Me oyó? ¡Soy Paula! ¡La hija! ¡Soy la HIJA! Y quiero esas cosas que fueron de mi mamá, y que ahora son mías. ¡Abra eso de una vez! *(Muy asustado él hace caso en silencio y luego se retira. Perdido, tararea cansinamente⁵⁰ algo. Ella saca de la caja una diapositiva⁵¹ que mira a través de la vela, mientras solloza. Un chiripá portapañal⁵² blanco, que huele y un solideo⁵³ marrón de Franciscano, que retiene en la mano. El dejó de tararear, está apoyado en una pared bebiendo.)*

PAULA.— Estas cosas... ¿Las encontró tiradas?⁵⁴

VIEJO.— Estee... no. Estaban en una caja de zapatos atada con un piolín.⁵⁵ *(Se avergüenza.)* Yo pensé que podía haber guita. La caja se me rompió, si quiere puede quedarse con ésa.

---

47 **puntudo** *pointed*
48 **relámpago...trueno** *lightening...thunder*
49 **fuera de sí** *beside herself*
50 **cansinamente** *wearily*
51 **diapositiva** *(photographic) slide*
52 **chiripá portapañal** *diaper pants*
53 **solideo** *priest's cap*
54 **tiradas** *thrown around*
55 **piolín** *string*

PAULA.— No. *(Comienza a guardar las cosas en los amplios bolsi-*
165 *llos del gamulán. Ha empezado a filtrarse el agua por el techo y va haciendo un charco[56] en el centro del espacio. Paula retiene la foto y la observa una vez más.)*

VIEJO.— Así no se ve nada. Con la luz se aprecia mejor... Tenía el pelo como anoche, con la trenza...[57]

170 PAULA.— *(Agotada, llorosa.)* Basta, ¡por favor... ! *(Grita.)* ¡No soy yo! ¡No soy yo! ¡Yo soy el bebé! *(Señalando la foto.)* ¡El bebé! *(Sin fuerzas.)* El bebé...

VIEJO.— Entonces... *(Intentando convencerse.)* Usted no es usted... Usted... ¿En serio que usted es la hija... ? ¿Que no es la maestra... ?
175 *(Ella asiente con la cabeza sin mirarlo.)* ¡Y entonces... ! ¿Quién me va a perdonar... ? *(Paula casi no lo mira, recorre ligeramente con la vista el ámbito. Trata de descolgar el cuadro[58] con su mano izquierda. El la observa.)*

PAULA.— *(Por el cuadro.)* Esto también es mío. *(Vuelve a intentar,*
180 *pero su mano lastimada la pone torpe.[59]) (El viejo se acerca para ayudarla. Ella pega un casi aullido[60] a la vez que se lo saca de encima, arranca[61] el cuadro y sale.)*

VIEJO.— ¡Maestra, esperesé... ! ¡Maestra! *(Se queda un momento pensativo. Se sienta.)* A mí no me engaña. Se cree que me voy a co-
185 mer ese bolazo.[62] ¡¿Qué hija?! Ya va a volver. A mí no me joden más... ¡Ni ella, ni esos guachos![63] ¡Voy a quedarme acá... ! ¡Voy a quedarme acá aunque quiera irme... ! ¡Voy a quedarme acá aunque me joda... ! ¡Voy a quedarme acá hasta que me perdone... ! *(En el colmo de sus fuerzas.)* ¡Yo no soy malo, carajo... ! *(Llora vencido.)*
190 Yo no soy malo... *(Breve silencio. Cambia. Se frota la boca con la mano. Se pone de pie. Se enoja. Repentinamente mira hacia la puerta. Su rostro se llena de ilusión.)* ¡Maestra! Yo sabía que iba a volver... ¡Yo sabía... ! *(Se arrodilla sobre el charco. El agua sigue ca-*

---

56 **charco** *puddle*
57 **trenza** *braid*
58 **descolgar** *to take down (the painting)*
59 **torpe** *clumsy*
60 **pega un casi aullido** *she lets out almost a howl*
61 **arranca** *she pulls down*
62 **bolazo** *big fib*
63 **guachos** *pigs*

yendo sobre su cabeza. El ríe y llora. Es muy patético.) ¡Yo sabía
que iba a volver, maestra! ¡Yo sabía... ! ¡Maestra... ! ¿Cuándo me va a perdonar... ?

X. PAULA—PEDRO

(Un hombre vestido de negro está sentado en una mecedora de elegante esterilla...[1] *Es el porche de una casa humilde. El hombre tiene anteojos de gruesas*[2] *lentes que deforman los rasgos*[3] *de sus ojos. Tiene la mirada lejana. Parece puesto allí desde hace mucho, como*
5 *fuera del tiempo, en un mundo propio y lejano. Casi ausente. Inmóvil salvo por*[4] *la cadencia de su respiración pausada. Apenas llovizna y un atisbo de sol comienza a filtrarse por entre las últimas nubes. No hace demasiado frío, está algo pegajoso.*[5] *Paula: el pelo mojado, el gamulán húmedo y descosido en el hombro derecho, las zapatillas*
10 *empapadas y cubiertas de barro,*[6] *una mano vendada, y en la otra el gran cuadro. Ya están hablando. Paula saca el solideo y se lo muestra.)*

PAULA.— Es un gorrito chico... de cura... *(Ante la inmovilidad de él, se lo pone en la mano mientras no deja de observarlo.)*

15 PEDRO.— *(Sin mirarlo. Lo retiene, luego se lo devuelve.)* Solideo. Se llama solideo. ¿Cómo era su nombre?

PAULA.— *(Harta. Repitiendo algo que ya dijo.)* Paula... Paula Márquez, hija de Gloria. Márquez, también. Y me puede tutear.

PEDRO.— *(Se pone de pie.)* Paula. Mejor entramos. *(Sin ningún*
20 *gesto entra.)*

(Ella primero duda. Va a guardar el solideo en su bolsillo pero lo retiene en la mano. Se mira el barro de los pies, se encoge de hombros[7] *y lo sigue. Es un espacio muy austero y despojado.*[8] *Sobre la mesa hay un libro y una lupa.*[9] *Una camita tipo catre*[10] *y sobre ella*
25 *un crucifijo rudimentario, semejante al esqueleto de un barrilete.*[11] *Una gran biblioteca recargada de libros y algo revuelta que con-*

---

1 **mecedora de elegante esterilla** *elegant wicker rocking chair*
2 **gruesas** *thick*
3 **rasgos** *features*
4 **salvo por** *except for*
5 **pegajoso** *sticky*
6 **empapadas y cubiertas de barro** *soaked and covered with mud*
7 **se encoge de hombros** *she shrugs her shoulders*
8 **despojado** *bare*
9 **lupa** *magnifying glass*
10 **catre** *cot*
11 **barrilete** *kite*

trasta con el resto del ámbito. El vuelve a sentarse. Ella queda de pie observando el derredor.[12] Se produce un cruel silencio que Paula decide romper.)

30 PAULA.— En el pueblo donde vivía mi mamá me dijeron que usted la conocía, después en la iglesia esa de Villa Rita un padre joven me dijo que hacía rato lo habían trasladado[13] a la iglesia de acá y ahí me indicaron... bueno eso ya se lo dije... El... ¿Solideo? *(Ansiosa, agitando el solideo entre las manos.)* Creo... que es suyo.

35 PEDRO.— *(Alterado.)* ¿Mío... ? *(Ella asiente tímidamente con la cabeza gacha.)* ¿Qué tengo que ver yo con ese solideo? ¿Por qué podría ser mío?

PAULA.— Porque... *(No sabe cómo empezar. Ante la parquedad[14] de él tiene el impulso de ir directamente al punto.)* Sólo necesito de-
40 cirle una cosa. Usted puede olvidarla enseguida si quiere. Por ahí[15] le parezco muy directa, muy bruta, no sé... Pero no encuentro otra manera: es muy probable que usted sea mi padre. *(Pedro ríe forzadamente. Paula está furiosa. Un par de lágrimas corren por sus mejillas. Las seca con disimulo.)*

45 PAULA.— La conoció. ¿Sí o no?

PEDRO.— *(Ha dejado de reír. Se pone serio repentinamente.)* A... Gloria... La conocí por esos años. Vino algunas veces a ayudar en la parroquia aquella de Villa Rita. Después yo me tuve que ir, cosas de los tiempos, y nunca más supe de ella. Ni de nadie más. Eso es todo.
50 Yo no sé qué...

PAULA.— *(Interrumpiendo.)* Algunas veces, no. Ella daba clases ahí.

PEDRO.— Clases... Sí, bueno.

PAULA.— *(Muy exaltada.)* Escúcheme, yo le estoy diciendo que
55 creo que usted es mi padre. ¡Dígame algo!

PEDRO.— *(Soberbio.[16])* ¿Y qué es lo que yo tendría que decir? ¡Yo soy un sacerdote! ¿Qué me estás pidiendo que te diga?

---

12 **observando el derredor** *looking around*
13 **trasladado** *transferred*
14 **parquedad** *few words*
15 **Por ahí** *Maybe*
16 **soberbio** *arrogant*

PAULA.— La verdad.

PEDRO.— *(Enojado.)* ¡La verdad es que no sé de qué me hablás! ¡Esto es un absurdo, es muy...!

PAULA.— *(Paula lo interrumpe gritando.)* Bueno, entonces hagamos una cosa...

PEDRO.— *(Interrumpiendo a los gritos también.)* ¡Yo no tengo NADA que hacer!

PAULA.— Dígame que nunca tuvo nada que ver con ella... ¡Usted me dice que nunca se acostó con mi mamá y listo!

(Tensa pausa.)

PEDRO.— ¿Quién te dijo que yo tuve ese tipo de relación con tu mamá?

PAULA.— Con palabras exactas nadie. Pero con que me lo niegue es suficiente. Aunque usted muy sorprendido no parece.

PEDRO.— *(Recuperándose, con simulada indolencia.[17])* Yo ya no me sorprendo con nada. Yo...

PAULA.— *(Lo interrumpe otra vez, con enojo.)* Está bien. *(Recoge el cuadro y saca el solideo otra vez, lo deja sobre la mesa.)* Si no es suyo se lo regalo... Por las molestias. *(Irónica.)* Siendo SACERDOTE ya le dará alguna utilidad. Lo que es a mí, no me sirve. Y me doy por respondida.[18] ¡A veces es mejor ser huérfana! *(Amaga a salir.[19] Gira. Sin perder ironía.)* Adiós... ¡PADRE!

PEDRO.— *(Con bronca.[20])* Ya no soy más cura.

PAULA.— *(Soberbia, se vuelve.)* Ya lo sabía.

PEDRO.— *(El levanta la vista y la mira a los ojos por primera vez.)* Sentémonos. *(Ella se queda de pie, él nunca se levantó.)* Sentate, por favor. *(Ella lo hace. Breve pausa.)* Yo no soy un buen tipo, pero tampoco soy el peor... Al menos eso me digo a veces, cuando me miro al espejo. Será porque me veo poco... *(Sonríe amargamente. Sus dientes están manchados, cansados, viejos. Va a decir algo pero se arrepiente inmediatamente. Larga pausa.)*

---

17 **simulada indolencia** *feigned apathy*
18 **me doy por respondida** *I'll consider myself satisfied (answered)*
19 **amaga a salir** *she makes like she is leaving*
20 **bronca** *anger*

PAULA.— *(Impaciente.)* Bueno, no sé para qué me hizo sentar. *(Resuelta.)* Vea... Yo tal vez no me haya expresado con claridad, pero hace dos noches que no duermo, tengo frío, me lastimé la mano... Me robaron y no me dejaron ni siquiera los documentos. Para completarla el tren hasta acá no llegaba nunca. Por qué mejor no me contesta lo que le pregunté. Yo no quiero nada de usted. Quiero decir, si usted fuera... Yo puedo entender que a usted esto lo sorprenda, porque mi mamá siempre guardó el secreto. Me lo iba a decir cuando fuera grande, bueno, yo ya soy grande pero ella no está... Y nadie le conoció ningún novio, nada... Pero si usted es la persona que... Lo único que yo quiero es saber.

PEDRO.— Pero ¡¿por qué yo...?! ¿Ahora por qué yo...?

PAULA.— Es muy largo de explicar, y no creo que le interese, aparte. Por cosas que me dijeron, y el sombrerito... Eso, el solideo. Yo le quiero aclarar que ya saqué mis conclusiones.

PEDRO.— ¿Y cuáles son?

PAULA.— *(Al borde del llanto.)* Que siempre va a ser así. Que va a haber una parte de mí siempre borrosa,[21] siempre en blanco. Por más que en esta... *(Peyorativa.)* charla, por llamarla de alguna forma, yo me dé cuenta de que... *(Suspira vencida.)* Nada. Igual ya estoy acostumbrada. Mi abuela va cada año al cementerio, como si la hija estuviera ahí... Ahora entiendo... Para sufrir menos será. Pero... *(Arremete[22] de nuevo.)* Dígame que usted no tuvo nada que ver con ella y yo no lo molesto más.

PEDRO.— ¿Cuántos años tenés, Paula?

PAULA.— ¡Los de su silencio! Esos tengo.

PEDRO.— ¡Pero...! ¡¿Qué es lo que te hace estar tan segura?! ¡Qué!

PAULA.— Si tengo que ser sincera, cuando llegué tenía dudas. Pero su manera... Su... ¡Y no me diga que no se sorprende por nada! Además trató de hacerme creer que todavía era cura... ¿Y por qué? Si usted no tiene nada que ver con el asunto... *(Se quiebra.)* ¡Y porque necesito tener un padre...! Aunque sea por única vez. Poder decir... Decirme: ¡Yo vengo de ahí! ¿Le parece demasiado pedir eso? *(Pausa.)* Una vez cuando era chica tuve un sueño. Siempre me lo

---

21 **borrosa** *unclear*
22 **arremete** *she attacks*

acuerdo: estaba yo toda vestida para salir, tenía el pelo largo, cuando yo era chica tenía el pelo muy largo, más que ahora. Mi abuela me peinaba y me peinaba, y lloraba. En el sueño yo era adoptada. Mi mamá me había adoptado... *(Suspira angustiada.)* Ese día mis verdaderos padres habían venido a buscarme y me estaban esperando en la puerta. Yo estaba contenta. Porque iba a tener papás. Le decía a mi abuela que se apurara,[23] pero ella nada. Como si estuviera haciendo tiempo, sin dejar de cepillarme el pelo. Al final yo me escapaba. Pero cuando llegaba a la puerta, ya no había nadie. Ellos se habían ido... Se habían cansado de esperar. Me desperté toda transpirada,[24] como si hubiera corrido... Y llorando... Y siempre me lo acuerdo, porque me daba lástima por herirla así a mi mamá. Aunque fuera en un sueño... *(Rompe en llanto.)* ¡Porque yo en el sueño estaba contenta...!

PEDRO.— *(Tiene la cabeza gacha. Se quita los anteojos y se refriega los ojos.[25] Lleva sus dos manos a la frente. No la mira.)* En agosto de ese maldito '75 me tuve que ir, a Roma. Me habían sacado con lo puesto[26] y sin chistar.[27] Yo era un cura algo agitador, parece. Rebelde... algo rebelde. A ella, a tu mamá, la había conocido en unas jornadas[28] de Iglesia y Comunidad... o algo así. Venía por los maestros. Año '74. Octubre, noviembre... por ahí. Era una mujer de una presencia... Tenía una hermosura extraña. *(Pausa.)* Yo tampoco le había sido indiferente, qué sé yo... parece que esas cosas están en el aire. Al poco tiempo se apareció en la iglesia. *(Sonríe.)* Yo no lo podía creer... Los dos éramos tan jóvenes. Ella no venía a dar clases. Después sí, pero al principio... Venía para vernos, era una buena excusa. Aquello fue intenso, tierno... Hasta bello si querés, con la belleza cruel que tiene lo prohibido... *(Respira hondo.)* Pero un error. En esa época, sí era cura. Cada vez prometíamos que sería la última, pero eran sólo promesas imposibles de cumplir. Un desastre. En medio de ese tira y afloja[29] pasó lo mío...

PAULA.— *(Interrumpiendo.)* Entonces, está claro... Pero...

---

23 **que se apurara** *to hurry*
24 **transpirada** *sweaty*
25 **se refriega los ojos** *he rubs his eyes*
26 **Me habían sacado con lo puesto** *They made me leave at once*
27 **sin chistar** *without saying a word*
28 **jornadas** *meetings*
29 **tira y afloja** *struggle*

155 PEDRO.— *(La detiene con un gesto de la mano. Necesita seguir con el relato.)* Cuando acá las cosas se apaciguaron[30] pude volver. Con la vista deteriorada, males del exilio, y la esperanza absurda de recuperar mi lugar. ¡Qué infeliz! Apenas pude poner un pie aquí me mandaron llamar. No estaba de vuelta por las mías, se habían apiadado[31] de
160 mi problema de salud, y yo debía estar agradecido. *(Imitando una voz.)* "Pero nada de locuras, Padre. Usted entiende". *(Su voz se ensombrece.[32])* Tenía que conformarme con la liturgia y los sacramentos... A mí, que tenía alma de pastor... *(Pausa.)* No sé si fue la impotencia, o qué, pero el camino hacia la oscuridad fue vertiginoso.[33] De
165 un día para el otro había perdido la visión total en un ojo, y del otro veía ya muy mal. Estaba de un humor horrible: deprimido, me irritaba por cualquier cosa y no hacía ningún esfuerzo por ocultar mi disgusto. Entonces este pueblo perdido les pareció mejor lugar. Yo no tenía opción, tuve que aceptar. Estaba solo. Solo... *(Respira hondo.)*
170 De la gente de aquella época supe de algunos pocos que se habían podido salvar, como yo. También supe lo de tu madre... *(Se pone nuevamente los anteojos.)* Me enteré de que había tenido una hija. *(Paula hace un gesto de estupor.[34])* No tuve valor ni fuerzas para averiguar...[35] En realidad no había que averiguar mucho. Con los de-
175 dos de las manos alcanzaba.[36] Pero yo no podía hacer nada... Ya ni siquiera podía seguir siendo cura, al final también a eso tuve que renunciar...[37] Yo ya estaba acabado.

PAULA.— *(Llorando.)* ¿Y entonces para qué me lo dice ahora?

PEDRO.— Porque no me gustan las verdades a medias.[38]

180 PAULA.— ¿Siempre decide como a usted le gusta?

PEDRO.— No. Pero si la cosa no da para más... ¿O habiendo llegado a este punto hubieras preferido que me hiciera el inocente, que no sabía que vos existías? *(Va subiendo el tono.)* Y ahora después de hacerme el sorprendido, también me hiciera el sufrido. ¡Te abrazara,

---

30 **se apaciguaron** *calmed down*
31 **se habían apiadado de** *they took pity on*
32 **se ensombrece** *becomes grave*
33 **vertiginoso** *extremely fast*
34 **estupor** *shock*
35 **averiguar** *to investigate*
36 **alcanzaba** *it was enough (to figure it out)*
37 **renunciar** *to give up (the priesthood)*
38 **verdades a medias** *half truths*

185 y te pidiera perdón y comiéramos perdices... !³⁹ *(Paula comienza a llorar más intensamente, casi con ahogo.⁴⁰)* ¡Yo no soy eso que vos buscás! ¡Yo no soy un santo! ¡Yo no tengo nada para dar... !

PAULA.— *(Se pone de pie. En medio del ahogo.)* Usted no sólo es un egoísta. ¡Usted no puede ver para afuera de tanto mirarse para
190 adentro! Además se cree que sabe todo de los otros. Yo ya se lo dije: NO QUIERO NADA DE USTED. ¿Me oye... ? ¡NADA! Yo sólo quería verle la cara. Saber... Quién era ese hombre... ¡Que hoy no puedo entender cómo lo quiso mi mamá! Porque lo tiene que haber querido para protegerlo de esa manera, que nunca nadie supo quién
195 era. Y usted tampoco supo de mí por boca de ella. ¿No? Ni siquiera que daba clases en esa iglesia de porquería⁴¹ dijo. Seguro que para no perjudicarlo con la más mínima sospecha. Quédese bien tranquilo, por mí tampoco nadie lo va a saber... Pero aunque no le guste ¡usted ES mi padre... ! *(Se va calmando.)* Por más que YO no quiera. Con
200 eso me alcanza.⁴² *(Toma otra vez su cuadro y va saliendo.)*

PEDRO.— A tu edad las cosas son cara o ceca...⁴³

PAULA.— Mi edad... ¡Qué sabe usted de mi edad! *(Pausa. Se vuelve.)* Necesito ir al baño, el viaje es largo...

PEDRO.— Sí, claro, por acá. *(Le señala el camino. Ella apoya el
205 cuadro en una silla y sale.)*

*(El va hacia la mesa de luz pero tropieza con⁴⁴ la pata de la cama. Trastabilla⁴⁵ y cae sentado sobre ella. Entonces estalla⁴⁶ vencido en un silencioso llanto. Luego saca del cajón de la mesita algo pequeño. Lo retiene entre sus manos mientras se va recomponiendo hasta
210 que Paula regresa. El se pone de pie y avanza seguro de sus pasos.)*

PEDRO.— Esto es para vos. *(Le da una medallita.)*

PAULA.— *(Extiende la mano y luego la observa. De mala gana.)* ¿Para qué?

---

39 **comiéramos perdices** *we would live happily ever after*
40 **con ahogo** *gasping*
41 **porquería** *low class, crummy*
42 **Con eso me alcanza** *That's enough for me*
43 **cara o ceca** *black or white (heads or tails)*
44 **tropieza con** *he bumps into*
45 **trastabilla** *he stumbles*
46 **estalla vencido en un silencioso llanto** *overcome, he bursts into silent weeping*

PEDRO.— Era de tu mamá, de su comunión, ahora es tuya.

PAULA.— ¡Ah... ! *(Apenas le sonríe,⁴⁷ él también lo hace sinceramente por primera vez.)* Gracias.

PEDRO.— Paula, a ser padre se aprende... Y yo... Perdí mi oportunidad. No voy a pedirte perdón, detesto la hipocresía. Acaso dentro de un tiempo los dos podamos...

PAULA.— *(Interrumpiendo.)* Si detesta la hipocresía... ¿Para qué...? A ser hijo no. No se aprende, digo. Te toca lo que te toca...⁴⁸ Por lo menos usted está... aunque más no sea para que yo trate de olvidarlo. *(El permanece de pie y cabizbajo. Breve pausa.)* ¿Tiene hora?

PEDRO.— *(Corriendo la manga izquierda, deja ver un reloj pulsera y se lo muestra.)* Fijate por favor. *(Ella se acerca y apenas toma su muñeca.⁴⁹ El tímidamente le toma la mano, ella se deja.)* Yo no fui siempre esto que ves... Yo la quise... A veces me parece que la extraño. *(Su voz se quiebra.)* Me avergüenzo por esta situación, nunca me atreví siquiera a imaginar que algún día esto iba a pasar... Me avergüenzo de mí...⁵⁰ pero no quiero lastimarte más. *(Muy conmovido.)* Te pido perdón.

(Paula también está conmovida. Instintivamente lo abraza y él accede, aunque muy tenso.)

PEDRO.— *(Con un hilo de voz.)* A lo mejor no sea tan tarde... *(Ella lo abraza con más fuerza, él se afloja y la abraza también. Permanecen unos segundos así mientras él comienza a murmurar un rezo⁵¹ que crece.)*

PEDRO.— *(Terminando el rezo.)* "Yo no soy digno de que entres en mi casa, pero una palabra tuya bastará para sanarme..." *(Respira hondo.)*

PAULA.— *(Se distancia y lo mira con tristeza.)* ¿Le puedo dejar el cuadro por un tiempo... ? Es muy pesado, y con la mano así... *(El

---

47 **apenas le sonríe** *as soon as she smiles at him*
48 **te toca lo que te toca** *you take what you get*
49 **muñeca** *wrist*
50 **me avergüenzo de mí** *I'm ashamed of myself*
51 **rezo** *prayer*

asiente con la cabeza, cabizbajo, todavía acongojado.⁵²) Gracias... (Va saliendo.) Adiós...

245 PEDRO.— *(Sin mirarla.)* Adiós... Paula... *(Sale al porche. Ella ya se ha ido. El se sienta nuevamente en su mecedora. Es el ángelus.⁵³)* Adiós.

---

52 **acongojado** *with great sorrow*
53 **ángelus** *time for prayer*

XI. PAULA

(Está amaneciendo.[1] Paula está en el medio de la calle arrojando[2] monedas a una ventana.)

PAULA.— *(Gritando.)* ¡Dante...! ¡Dante...! ¡Despertate, abrime...! ¡Dante...! ¡Soy Paula, ya llegué...! *(Para sí.)* Nene, dale... no te habrás arrepentido ahora... Te dije que pusieras el despertador... *(Grita más fuerte.)* ¡Abrí que me muero de frío...! *(Saca otra moneda del bolsillo, hablándole al balcón.)* La última. La había dejado para el colectivo por si nos peleábamos... Ahora te jodiste. *(La arroja. La moneda golpea en el vidrio y vuelve a ella. La recoge.)* ¿Ah, sí...? *(Ya no grita.)* Bueno, está bien. Vos te la perdés. Yo que te iba a proponer un viaje de colados...[3] Es una pelotudez.[4] En tren no pasa nada... *(Se toca la mano lastimada.)* Lo único, por ahí algún carterista...[5] Pero bueno... También se conoce gente... *(Se sienta en un cantero[6] que hay en la vereda y juega con la moneda mientras la asaltan los recuerdos.)* A tu edad las cosas son cara o ceca... A ser padre se aprende... *(Guarda la moneda y sonríe triste. Saca la diapositiva del bolsillo y la observa con dificultad. La retiene y suspira. Al mirar otra vez hacia el balcón ve un sol magnífico que asoma[7] y grita otra vez.)* ¡Dante...! ¡Despertate, que ya es de día...! ¡Despertate...! *(La ventana apenas se entreabre y cae un manojo[8] de llaves. Ella se incorpora para agarrarlas. Luego mira el sol otra vez y pone la foto a la luz.)* Voy a extrañarte mucho... Siempre, siempre... *(Tímidamente, como quien va a decir algo por primera vez.)* Mamá... *(Lo repite en voz alta.)* ¡Mamá! *(Ahora se ríe y llora a la vez que se toca el vientre.)* ¡Mamá! *(Sólo va quedando la risa, mientras la escena se va oscureciendo definitivamente.)*

FIN

---

1 **Está amaneciendo** *It is daybreak*
2 **arrojando** *throwing*
3 **viaje de colados** *traveling without paying the fare*
4 **pelotudez** *dumb thing to do*
5 **carterista** *pickpocket*
6 **cantero** *flowerbed*
7 **asoma** *appears*
8 **manojo** *bunch*

ENTREACTO: Comprensión

Escena I: Abuela—Paula

A. Los personajes. Siguiendo el modelo, describe en las líneas a Paula y a la Abuela.

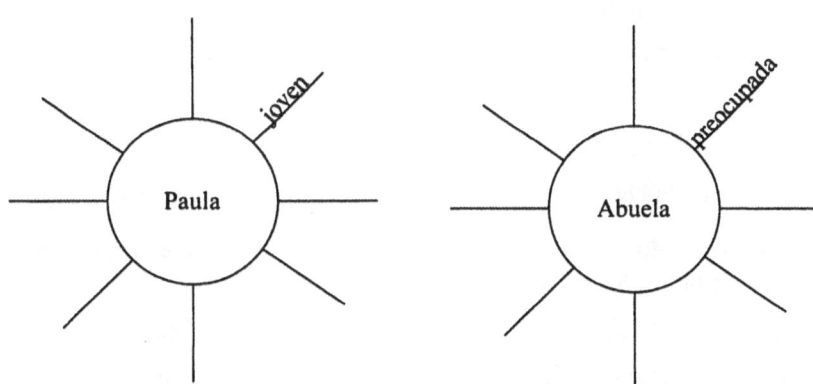

B. Conflictos. Completa las oraciones con la información apropiada.
1. Paula desea ponerse el gamulán (*jacket*) viejo de su madre, pero la abuela _____.
2. La abuela quiere que Paula vaya con ella al cementerio, pero Paula ha decidido _____.
3. Cada vez que Paula pregunta dónde vivía antes la familia, la abuela trata de _____.
4. La abuela insiste en que no recuerda nada de ese período de su vida, pero Paula cree que _____.

5. Por fin la abuela admite que en esa época ella y su hija estaban _____.
6. La abuela confiesa que la primera vez que vio a Paula fue cuando _____.
7. La abuela nunca había hablado de su hija porque no quería que Paula _____.
8. La causa del desacuerdo entre la abuela y su hija fue _____.

C. **La búsqueda de Paula.**
1. Explica brevemente lo que Paula averigua sobre su pasado en la conversación con su abuela.
2. ¿Qué más quiere saber Paula ahora?

Escenas II y III: Miguel—Paula

A. **El tío de Paula.** Completa las oraciones a continuación, leyendo de nuevo las conversaciones entre Paula y Miguel.
1. En la galería de arte Paula le pide a Miguel que _____.
2. Miguel prefiere _____.
3. Miguel usa las palabras "nuevo huésped" para referirse a _____.
4. Paula está interesada en hablar con _____.
5. Miguel describe a su hermana, la madre de Paula, como _____.
6. En los años de la dictadura, el miedo obligaba a Miguel a _____.
7. El miedo también afectó a _____.

B. **La decisión de Paula.** ¿Qué relación hay entre el embarazo de Paula y su deseo de saber más sobre su madre?

Escena IV: Vecina—Paula

A. **Recuerdos**: Une las oraciones de las dos columnas de una manera lógica.

__1. En el barrio donde vivían la vecina y la madre de Paula, los militares...	a. para poder estar en casa cuando naciera su bebé.
__2. La señora de Rossi no se metía...	b. a la abuela de Paula.
__3. En esa época, el tío de Paula era...	c. a Paula, que lloraba sin parar.
__4. La señora de Rossi no conocía...	d. en política.
__5. Gloria continuó trabajando mientras estaba encinta porque...	e. vino a la casa de Gloria para ayudarla cuando Paula nació.
__6. La vecina dijo que una maestra de la escuela...	f. la señora de Rossi cambia de tema e inventa excusas.

___7. Mientras secuestraban a Gloria, un soldado joven llevaba en brazos...

___8. La señora de Rossi se encontró con el tío Miguel en un bar...

___9. Al llegar a la casa de la vecina, Paula vio a un hombre...

___10. Cuando Paula quiere saber más detalles del secuestro de su madre...

g. en el jardín de la casa donde ella había vivido con su madre.

h. un pintor famoso que había aparecido en una revista.

i. aparecían con frecuencia para secuestrar gente.

j. para entregarle a Paula.

B. **En casa de la señora de Rossi.**
   1. ¿Qué revelan los objetos que están en la mesa acerca de la señora de Rossi?
   2. ¿De qué modo ayuda la señora de Rossi a Paula en su búsqueda? ¿Qué detalles no puede o no quiere recordar? ¿Por qué?
   3. Compara las emociones que experimenta la señora de Rossi con las que siente Paula.

Escena V: Paula—Alicia

A. **En la escuela.** Completa las oraciones con la información apropiada.
   1. Paula se reúne con Alicia en _____.
   2. En este momento Paula está _____.
   3. En cambio, Alicia parece _____.
   4. Cuando Alicia ve a Paula no quiere _____ y se siente _____.

B. **Las dos maestras.** Indica si las siguientes palabras o frases se refieren a Alicia, a Gloria, o a las dos mujeres.

		Alicia	Gloria	las dos
1.	maestra de escuela	❑	❑	❑
2.	miembro del sindicato	❑	❑	❑
3.	involucrada en la política	❑	❑	❑
4.	apolítica	❑	❑	❑
5.	vivía con su madre	❑	❑	❑
6.	sufrió un ataque de nervios	❑	❑	❑
7.	miedosa	❑	❑	❑
8.	luchaba por sus ideas políticas	❑	❑	❑
9.	se siente culpable	❑	❑	❑
10.	soltera	❑	❑	❑

C. **El conflicto de Alicia.** Cuando Paula le dice a Alicia, "Si yo te dijera que de eso depende una vida", Alicia reacciona de una manera muy brusca. ¿Por qué?

Escena VI: Paula—Viejo

A. **En la estación de tren.** Indica si las siguientes oraciones son ciertas (C) o falsas (F) y corrige las que sean falsas.

1. __ Paula va a la estación para ver al viejo.
2. __ Paula se niega a darle dinero al viejo.
3. __ A Paula no le interesa conocer la casa del viejo.
4. __ Paula le dice al viejo que ella no es maestra.
5. __ El viejo no quiere decirle a Paula dónde vive.
6. __ El viejo dice que no tiene miedo.
7. __ El viejo invita a Paula a su casa.
8. __ Paula pregunta quiénes son "ellos".
9. __ El viejo piensa que Paula se está burlando de él.
10. __ Paula se levanta y corre para tomar el tren.

B. **Los pensamientos del viejo.**

1. ¿Con quién confunde el viejo a Paula? ¿Por qué?
2. ¿A quiénes se está refiriendo el viejo cuando habla de "ellos"?
3. ¿Por qué repite constantemente que él no es malo?

Escena VII: Paula—Javier

A. **¿A quién se refiere?** Marca Paula o Javier.

		Paula	Javier
1.	Tiene 30 años.	☐	☐
2.	Está muy descompuesto/a.	☐	☐
3.	Sufre de escalofríos.	☐	☐
4.	Lleva el pelo suelto y desgreñado.	☐	☐
5.	Quiere empezar a conversar.	☐	☐
6.	Tiene una mano herida.	☐	☐
7.	Ha sido víctima de un robo.	☐	☐

B. **Sorpresas.** Completa los espacios en blanco con la información que se presenta en esta escena.

1. Javier revela que la madre de Paula fue su _____ en sexto y séptimo grado de escuela.
2. Gloria llamaba a su hija _____, un apodo cariñoso.

3. Javier encuentra a Paula muy parecida a _____.
4. A veces Gloria había llevado a Paula a _____.
5. Según Javier, como maestra de escuela, Gloria era _____.
6. Javier no era buen estudiante pero Gloria le inspiraba a _____.
7. En 1975, además de enseñar en la escuela, Gloria daba clases en _____.
8. El cura de la parroquia donde Gloria daba clases se llamaba _____.
9. Javier le da dinero a Paula para ir en auto a _____.
10. Antes de irse, Paula le da _____ a Javier.

Escenas VIII y IX: Paula—Viejo

A. **¿Qué sucedió?** Elige la opción apropiada.
   1. Al ver a Paula en la vereda de enfrente, el viejo...
      a. la saluda y continúa caminando.
      b. cruza la calle y se para delante de ella.
      c. corre para que ella no lo vea.
   2. Paula le dice al viejo que...
      a. la deje tranquila.
      b. no le hable de esa manera.
      c. quiere ir a su casa.
   3. En la casa del viejo hay un retrato que Miguel dedica a...
      a. su antigua novia.
      b. Paula y su madre.
      c. su madre y su hermana.
   4. Cuando el viejo conoció a Gloria, su trabajo consistía en...
      a. dar información a la policía sobre las personas que buscaba.
      b. engañar a los militares.
      c. ayudar a Pedro en la parroquia.
   5. El viejo aprendió a leer y escribir en las clases que en la parroquia daba...
      a. Marga.
      b. Pedro.
      c. Gloria.
   6. Con la ayuda del viejo, la policía pudo...
      a. saber donde vivía Gloria y llevársela.
      b. ir a la parroquia e interrogar a Gloria.
      c. hablar con los vecinos de Gloria.
   7. En la caja que el viejo abre hay...
      a. los regalos del tío Miguel para su sobrina Paula.
      b. las cosas que el viejo había encontrado en la casa de Gloria.
      c. la foto de una persona desconocida.

8. Cuando Paula le dice al viejo que ella no es Gloria, el viejo...
   a. se da cuenta de su error y le pide disculpas.
   b. le pregunta su nombre.
   c. duda que sea verdad.

Escena X: Paula—Pedro

A. **El secreto de Gloria.** Completa con tus palabras la conversación entre Paula y Pedro.

1. Paula pudo encontrar la casa de Pedro con la información de____.
2. Cuando Paula le muestra el solideo a Pedro, él ____.
3. Al principio, Pedro sólo dice que conoció a Gloria en ____.
4. Cuando Paula le dice "Adiós... ¡PADRE!" Pedro empieza a____.
5. Paula habla de las conclusiones de su búsqueda al comentar que____.
6. Pedro tuvo que exiliarse porque____.
7. Su relación con Gloria empezó cuando____.
8. Cuando supo que Gloria había tenido una hija, Pedro____.
9. Gloria nunca reveló su secreto porque____.
10. Pedro le da a Paula una medalla que____.
11. Pedro y Paula se abrazan porque____.

B. **Antes y después.**

1. Compara al Pedro de los años setenta con el Pedro de ahora. ¿Cómo ha cambiado su aspecto físico, su manera de vivir, y su estado anímico?
2. Explica cómo y por qué cambia la actitud de Pedro hacia Paula a lo largo de la escena.

Escena XI: Paula

A. **El amanecer.** ¿Qué simboliza el momento del día en que ocurre esta escena?

B. **La nueva Paula.** Con la salida del sol, vemos a una Paula transformada por las experiencias que ha vivido. Compara a la Paula del principio con la que acaba de nacer.

¡ABAJO EL TELÓN! Postlectura

A. Red de personajes. ¿Cómo son los personajes de *paula.doc*? ¿Qué relación hay entre ellos? Escribe tus ideas en las líneas y alrededor del círculo de cada personaje.

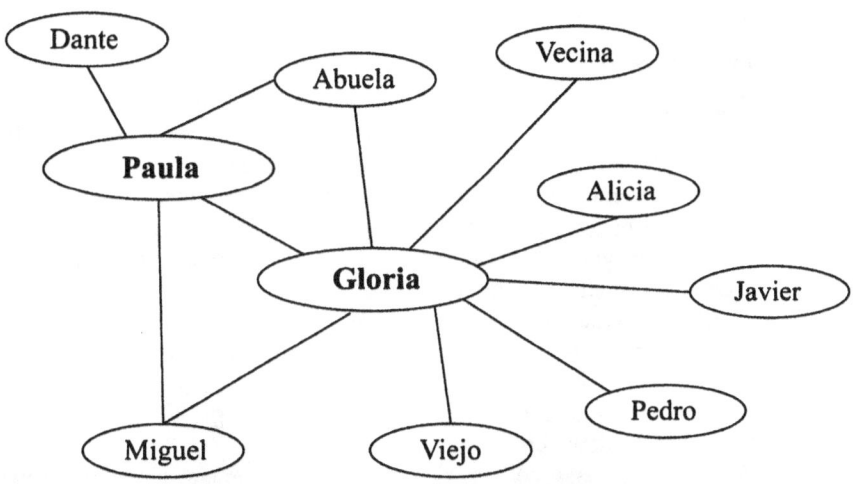

B. Temas para conversar. En grupos de tres, contesten las preguntas a continuación.

1. ¿Qué significa el título de la obra?
2. ¿En qué consiste la búsqueda que hace Paula?

3. En la tercera escena de la obra, nos damos cuenta de que Paula está embarazada. ¿Qué importancia psicológica, física y simbólica tiene este hecho?
4. ¿Cómo es Gloria, la madre de Paula? Descríbela según el punto de vista de tres de estos personajes: la Abuela, el tío Miguel, la Vecina, Alicia, Javier, el Viejo y Pedro.
5. ¿Qué revelan la ropa y el aspecto físico sobre los personajes?
6. Al final del drama, Paula ha cambiado física y emocionalmente. En la última escena frente a la ventana de Dante, ¿cuál es su actitud hacia la vida y el futuro? ¿En qué sentido ha adquirido una nueva identidad?

C. **Te toca a ti**. Imagínate que vas a escribir la Escena XII de *paula.doc*. Aquí tienes algunas sugerencias.

1. Al final del drama, Paula piensa en lo que ha aprendido y decide lo que va a hacer de ahora en adelante. ¿Qué le contará a Dante de sus experiencias y cómo va a reaccionar él?
2. Después de conocer a Paula, Pedro ya no puede vivir con su secreto y por eso decide presentarse en la casa de Paula para hablar con la Abuela.
3. Paula regresa a casa para hacer las paces (*make peace*) con la Abuela y el tío Miguel.
4. Crea tu propia escena.

D. **Temas para escribir.** Expresa tus ideas acerca de los siguientes temas.

1. Para Nora Rodríguez, Paula… "no podía ser madre sin haber sido hija … si ella no cerraba ese círculo no podría comenzar su historia… [porque] nadie puede construir el futuro sin memoria"..[1] ¿Cómo expresa el drama el punto de vista de la autora? ¿Qué recuerdos le faltan a Paula? ¿Qué huecos del pasado ha logrado llenar con sus entrevistas?
2. Describe el viaje de Paula, sus motivos y las circunstancias personales que influyen en su búsqueda.
3. Analiza el papel del silencio en la obra. ¿Qué se puede inferir de lo que los personajes NO dicen? ¿Por qué se resisten a darle información a Paula?
4. *paula.doc* es una obra a la vez política y psicológica. Explica los aspectos tanto políticos como personales del drama.
5. Las acotaciones escénicas (*stage directions*) sitúan la acción en un lugar y momento específicos. También describen la condición física y emocional de los personajes. Busca ejemplos en tres o más escenas de *paula.doc* y analiza su función en la obra.

---

[1] Nora Rodríguez, e-mail a Karen Brunschwig, 2 Mar. 2003.

¡A ESCENA! Paloma Pedrero

Paloma Pedrero (Madrid, 1957) es una de las voces más reconocidas del teatro español contemporáneo. Su interés por el mundo de la escena comienza desde la niñez, cuando actuaba en las obras que se representaban en el colegio. En las décadas de los ochenta y los noventa, trabajó como actriz para el teatro, el cine y la televisión. También dirigió algunas de sus propias piezas teatrales. En la actualidad, la escritora es además conferenciante[1] y directora de talleres de escritura dramática.

Muchas de sus obras, centradas en las relaciones interpersonales y en sus conflictos, son piezas breves con una estructura sencilla, pocos personajes, y un lenguaje directo y coloquial. Traducidas a numerosos idiomas, han sido representadas en distintos países de Europa y América. Una selección de los textos dramáticos de la autora aparece en su libro *Juego de noches. Nueve obras en un acto* (1999).

Escrita cuando la autora tenía treinta y tres años, la misma edad que su protagonista, *Una estrella* se estrenó[2] en 1998. La obra presenta el encuentro en un bar entre Estrella Torres, una escritora famosa, y Juan Domínguez, un amigo íntimo del padre de la joven, ya fallecido.[3] La creciente tensión en el drama revela dos puntos de vista enfrentados: por un lado, los recuerdos amargos que Estrella guarda de su padre alcohólico y, por otro, la imagen cariñosa que Juan evoca de su amigo. "*Una estrella*", dice la autora, "nos habla de la tragedia ín-

---

1 **conferenciante** *lecturer*
2 **se estrenó** *premiered, opened*
3 **fallecido** *deceased*

tima de las gentes..." En el transcurso de una noche, los dos protagonistas pasarán "de la desdicha a la dicha[4] sin saltarse el dolor".[5]

Al igual que sucede en otras obras de la escritora, *Una estrella* utiliza una variedad de fórmulas dramáticas, entre las que sobresalen[6] las siguientes: la inclusión de un espacio visible y otro invisible, las referencias a un personaje ausente sobre el que gravita[7] la acción dramática, el uso de juego de roles a la manera de un psicodrama, y la presencia de diversos objetos escénicos que contribuyen al clima de tensión en el drama.

---

4 **de la desdicha a la dicha** *from unhappiness to happiness*
5 Paloma Pedrero, *Juego de noches. Nueve obras en un acto.* (Madrid: Cátedra, 1999) 238.
6 **sobresalen** *stand out*
7 **gravita** *gravitates*

¡ARRIBA EL TELÓN! Prelectura

A. En un bar madrileño. Trabajando en parejas, preparen un diálogo para una de las siguientes situaciones.

- Estás en un bar bebiendo una cerveza. La persona que está a tu lado fuma como una chimenea y sopla el humo en tu dirección.
- Has puesto monedas en la máquina de discos sin saber que no funciona. Ahora quieres reclamar tu dinero y te diriges al camarero.
- Tu amigo/a ha bebido demasiado y quiere pedir una copa más. Convéncelo/la de que no debe tomar otra.
- El camarero te pide que salgas del bar pero tú protestas porque no te quieres ir.

B. Conversaciones. Completa los diálogos con las palabras a continuación:

arañazos	*scratches*	**manchas**	*spots, stains*
arrugas	*wrinkles*	**tomar el pelo**	*to pull someone's leg*
barra	*bar counter*	**tomar una copa**	*to have a drink*
estropear	*to break*	**torpe**	*clumsy*
líos	*trouble, problems*		

LOLA.— ¿Qué te pasó?
PEPE.— Fifí, la gata de mi vecina, me hizo algunos _____ en la mano.
LOLA.— ¡Qué horror! Es mejor entrar por la otra puerta para no tener _____ con ese gato.

ANA.— ¿Entramos a _____ en el bar Celona?
LUIS.— Sí, cómo no. ¿Buscamos una mesa o vamos a la _____?

CARLOS.—¿Has visto las _____ de tomate en la mesa?
ANTONIO.—¡Claro! Las hice yo después de _____ la licuadora.
CARLOS.—¡Eres un genio en la cocina!

JULIA.— Dejaste muchas _____ en la camisa cuando la planchaste.
CRISTINA.—¡Ay, no me di cuenta! También se me quemó la manga.
JULIA.— ¡Qué _____ eres!

PABLO.— ¿Sabes que saqué una A en el examen de química ayer?
MARTA.— No te creo. En el último sacaste una D. ¿Cuándo vas a dejar de _____?

C. **Puntos de vista.** Expresa tu opinión contestando las siguientes preguntas.

1. *Una estrella* es el título de la obra y Estrella es el nombre de su protagonista. Las estrellas pueden relacionarse con diferentes situaciones, creencias, emociones, etc. Da algunos ejemplos y explica lo que significan las estrellas para ti.
2. Trabajar fuera de casa y mantener a una esposa e hijos son algunas de las responsabilidades que asociamos con el papel tradicional de un padre de familia. ¿Cómo ha cambiado ese papel en nuestra sociedad actual?
3. ¿Por qué crees que algunas personas son adictas al alcohol o a las drogas? ¿De qué manera afecta el alcoholismo a la vida familiar y laboral de una persona?
4. Estrella es un personaje que ha triunfado en su vida profesional pero no es feliz. Para ti, ¿cuáles son los factores más importantes que contribuyen a la felicidad de un ser humano?

D. **¿Cortina o telón?**

1. ¿Qué distingue una obra dramática de una novela o un cuento? ¿Qué características tienen en común? En la siguiente lista, marca los elementos que forman parte de estos dos géneros literarios.

		Drama	Narrativa	Los dos
a.	acotaciones escénicas	☐	☐	☐
b.	conflictos	☐	☐	☐
c.	decorado	☐	☐	☐
d.	diálogos	☐	☐	☐
e.	escenario	☐	☐	☐
f.	narrador	☐	☐	☐
g.	personajes	☐	☐	☐

2. Lee las primeras cinco páginas de *Una estrella* y explica qué revelan los diálogos y las acotaciones escénicas del carácter y aspecto físico de los personajes. Describe también el decorado que se ve en el escenario.

UNA ESTRELLA

Interior de un bar. La barra con algún taburete,[1] un par de mesas con sus respectivas sillas, una máquina tragaperras[2] y un viejo aparato de discos de los que funcionan con monedas.
Desde la sala contigua llegan los murmullos[3] de jugadores de póker.
A veces, las voces se elevan con violencia contenida y podemos distinguir alguna palabra o frase suelta.
En la barra, sentada en un taburete, sola, vemos a Estrella. Es una mujer de treinta y pocos años, esbelta[4] y con una hermosa melena[5] de tonos rojos. Su forma de moverse y vestir es elegante pero nada convencional. Observa el local[6] con curiosidad, mientras se toma un café. De vez en cuando escribe algo en un cuaderno. Hay en ella una actitud reflexiva y algo atormentada. El único camarero, que está dentro de la barra, la escudriña[7] con cierta desconfianza.

CAMARERO.— Lo siento, señora, vamos a cerrar.

ESTRELLA.— ¿Cerrar? *(Señalando hacia adentro)* Primero tendrán que salir todos ésos, ¿no?

---

1 **barra con algún taburete** *bar counter with some stools*
2 **máquina tragaperras** *slot machine*
3 **murmullos** *murmurs*
4 **esbelta** *slim*
5 **melena** *long hair (worn loose)*
6 **local** *premises*
7 **la escudriña** *(he) examines her intensely*

CAMARERO.— Esos señores son socios.[8] A partir de las doce sólo admitimos socios.

ESTRELLA.— *(Con ironía)* Ya.

CAMARERO.— Son doscientas pesetas, el café.

5 ESTRELLA.— *(Mirando el reloj)* Son las doce menos cuarto.

Estrella anota algo en su cuaderno. El camarero la mira mosqueado.[9]

ESTRELLA.— ¿Lleva usted muchos años trabajando aquí?

CAMARERO.— *(Limpiando la barra)* Algunos.

10 ESTRELLA.— ¿Más de cinco?

CAMARERO.— Oiga, ¿por qué me pregunta eso? ¿Qué está intentando averiguar?

ESTRELLA.— No se preocupe, no hace falta que me conteste.

CAMARERO.— ¿Qué está anotando en ese cuaderno?

15 ESTRELLA.— Nada que le interese. Cosas mías.

CAMARERO.— ¿No será usted policía o algo así?

ESTRELLA.— No, tranquilícese, no soy policía.

CAMARERO.— ¿Periodista?

ESTRELLA.— No, tampoco.

20 CAMARERO.— Son doscientas pesetas. Tengo que cerrar.

ESTRELLA.— *(Sacando el dinero)* Déjeme quedarme.

CAMARERO.— ¿Para qué?

ESTRELLA.— Me gustaría ver salir a los hombres... de ahí adentro.

CAMARERO.— Lo siento pero...

25 ESTRELLA.— *(Cortándole)* Sólo a algunos.

CAMARERO.— Es imposible. No puede quedarse.

ESTRELLA.— *(Después de una pausa)* Escúcheme, no voy a complicar la vida a nadie. Verá, soy escritora. Estoy preparando mi últi-

---

8 **socios** *members*
9 **mosqueado** *suspicious*

ma novela y... se desarrolla en un sitio parecido a éste. Necesito conocerlo, saber cómo es el lugar donde van a vivir mis personajes, ¿me comprende?

CAMARERO.— ¿Escritora?

5 ESTRELLA.— *(Sacando un libro del bolso)* Mire, ésta soy yo, Estrella Torres. *(El camarero mira la foto del libro y después mira a Estrella con desconfianza)* ¿Quiere que le enseñe el carné de identidad?[10]

CAMARERO.— ¿Y qué va a sacar de aquí?

10 ESTRELLA.— Ya se lo he dicho, necesito conocer el espacio, saber cómo son los hombres que están ahí adentro. No será mucho tiempo: ver salir a algunos, observarlos...

CAMARERO.— No lo sé... Hoy no está el jefe y yo tengo que estar adentro también. No, no puedo...

15 ESTRELLA.— No le voy a causar problemas.

CAMARERO.— *(Observándola)* ¿Es usted famosa? ¿Ha salido en la tele?

ESTRELLA.— *(Sonríe. Después de un momento)* Sí.

CAMARERO.— Entonces será mejor que se vaya. Este no es un 20 mundo para gente delicada.

Se abre la puerta del bar y entra Juan Domínguez. Es un hombre de unos sesenta y cinco años. Pequeño de estatura, delgado y de ojos claros y chispeantes.[11] Su aspecto es de vividor[12] solitario[13] y descuidado.[14] Saluda al camarero que le responde con un mal gruñido.[15]

25 JUAN.— ¿Dónde está el jefe?

CAMARERO.— No está. Esta noche el jefe soy yo.

JUAN.— Ponme una copa. *(El camarero duda. Juan le enseña un billete. El camarero, de mala gana, le sirve un trago.[16])*

---

10 **carné de identidad** *ID card*
11 **chispeantes** *flashing*
12 **vividor** *high liver, pleasure seeker*
13 **solitario** *lonely*
14 **descuidado** *unkempt*
15 **gruñido** *grunt*
16 **trago** *drink*

Juan Domínguez está borracho y, sin embargo, consigue casi dominar la torpeza.[17] Tiene el estado del ebrio crónico y orgullosamente digno. Se acerca a la máquina del tabaco y saca una cajetilla. Estrella observa a Juan y anota algo en su cuaderno.

CAMARERO.— *(A Estrella)* Dese prisa. No quiero líos. *(Sale)*

Juan se acerca a su vaso y repara[18] en Estrella que está de espaldas a él. Abre el paquete de tabaco rubio[19] y tira de los cigarrillos hacia arriba. Ofrece un cigarro al camarero y otro a Estrella que vuelve la mirada hacia el hombre.

JUAN.— ¿Quiere un cigarro, señorita?

ESTRELLA.— No, muchas gracias.

JUAN.— *(Saca otra cajetilla[20] arrugada del bolsillo)* ¿Fuma usted negro?[21]

ESTRELLA.— No, fumo rubio, pero ahora no quiero fumar, gracias.

Juan Domínguez se queda callado, mirándola. Estrella le vuelve la espalda. Juan se acerca a ella por el otro lado.

JUAN.— Perdone que la moleste... *(Se tambalea.[22] Está a punto de tirarle la copa encima)*

ESTRELLA.— Tenga usted cuidado.

JUAN.— Perdóneme, señorita, hoy estoy un poco...

ESTRELLA.— *(Sin dejarle acabar la frase)* Perdonado. *(Gira[23] su cuerpo hacia el otro lado)*

El camarero comienza a barrer el local. Juan Domínguez vuelve a situarse frente a Estrella.

JUAN.— Corríjame si estoy en un error... ¿No es usted Estrellita?

ESTRELLA.— *(Le mira sorprendida)* Sí, me llamo... *(Estrella repara en su libro que está encima de la barra. Asiente con frialdad)* me llamo Estrella. *(Y guarda el libro en su bolso).*

---

17 **torpeza** *clumsiness*
18 **repara en** *he notices*
19 **tabaco rubio** *American cigarettes*
20 **cajetilla** *pack of cigarettes*
21 **negro** *strong cigarettes (Spanish-type)*
22 **se tambalea** *he staggers*
23 **gira** *she turns*

JUAN.— Yo soy Juan, Juan Domínguez.

ESTRELLA.— *(Algo abrumada[24])* Mucho gusto.

JUAN.— ¿No ha oído hablar de mí?

ESTRELLA.— No, lo siento.

JUAN.— Quizá ya no se acuerda... Yo la recuerdo a usted perfectamente. No ha cambiado apenas. El mismo pelo rojo. Antes era una niña muy bonita y ahora es usted una mujer muy bonita. Con la expresión perdida e insolente al mismo tiempo...

ESTRELLA.— *(Inquieta)* ¿Y usted quién es? Si no le importa decírmelo.

JUAN.— Un íntimo amigo de Torres.

Estrella recibe el impacto. Se queda petrificada. Reacciona con violencia.

ESTRELLA.— Lo siento, no me acuerdo ni de él ni de usted.

JUAN.— ¿No me diga que sigue enfadada con Torres?

ESTRELLA.— ¿Cómo dice?

JUAN.— Sí, Torres me contó lo de aquel día. Estaba tan dolido[25] que tuvo que decírmelo. Estaba desquiciado[26] y me decía: "Domínguez, Estrellita me ha insultado. Me ha llamado..."

ESTRELLA.— *(Cortándole con brusquedad)* Ya le he dicho que no le recuerdo. Sencillamente, él no está en mi vida.

JUAN.— ¿Qué hace usted aquí? *(Estrella no contesta)* Tenga, fume un cigarro.

ESTRELLA.— No quiero fumar. No quiero conversación, ¿me ha entendido?

JUAN.— Es usted una ingrata. Una niña que no quiere crecer. Una niña infeliz.

ESTRELLA.— ¿Quiere dejarme en paz?

JUAN.— ¿Por qué?

---

24 **abrumada** *flustered*
25 **dolido** *hurt*
26 **desquiciado** *distraught*

ESTRELLA.— Apesta[27] a alcohol.

JUAN.— *(Tocándole el hombro)* Está bien, no le echaré el aliento.[28]

ESTRELLA.— ¡No me toque!

JUAN.— Las manos las tengo limpias.

5 ESTRELLA.— No me gusta que me toquen los borrachos, ¿sabe? Mean[29] y después se quitan las babas[30] de la cara sin lavarse las manos.

JUAN.— Lo siento, no la comprendo.

ESTRELLA.— Le estoy pidiendo que me deje en paz.

10 JUAN.— Aunque yo me fuera de aquí ahora mismo usted no se quedaría en paz.

ESTRELLA.— *(Nerviosa)* O deja de molestarme o hago que lo echen del bar.

JUAN.— Me trata usted como a un perro...

15 ESTRELLA.— *(Casi gritando)* ¡Déjeme en paz!

CAMARERO.— ¿Qué pasa? ¿Le está molestando?

ESTRELLA.— Sí.

CAMARERO.— *(A Juan)* No me gusta que vengas por aquí borracho.

20 JUAN.— No estoy borracho, sólo estaba intentando...

CAMARERO.— *(Cortándole)* Venga, Domínguez, tómate la copa de un trago y lárgate.[31]

JUAN.— Háblame con educación,[32] muchacho, yo no te he faltado al respeto a ti...

25 CAMARERO.— Que te tomes la copa y te largues.

JUAN.— Es temprano. No tengo prisa.

---

27 **apesta** *you reek*
28 **aliento** *breath*
29 **mean** *they piss*
30 **babas** *drool*
31 **lárgate** *get lost*
32 **con educación** *properly*

CAMARERO.— *(Agresivo le quita la copa)* Pues lárgate sin tomártela. Vamos, a la calle.

JUAN.— Un momento. ¿Yo te pago o no te pago?

CAMARERO.— ¿Y qué?

JUAN.— *(Dándole dinero)* Que si te pago me puedo tomar mi copa tranquilamente. ¡Y trátame con respeto que yo podría ser tu padre!

Estrella lo mira.

CAMARERO.— Tú lo que tienes que hacer es irte a un banco a dormir la mona.³³

JUAN.— Y tú ponerte un bozal.³⁴

CAMARERO.— ¡Lárgate ahora mismo antes de que se me hinchen los cojones... !³⁵

JUAN.— *(Impotente. Sacando la voz)* ¡Me estás humillando delante de... Estrellita y no te lo consiento!

CAMARERO.— *(Violento)* ¡He dicho que a la calle!

JUAN.— Llevo treinta años viniendo aquí y... ¡No te atreverías a hablarme así si estuviera el jefe... !

El camarero lo agarra³⁶ bruscamente, arrastrándole³⁷ hacia la puerta. Juan se queja.

JUAN.— ¡Déjame... ! ¡Déjame... !

Estrella mira la escena horrorizada. Se levanta del taburete y va hacia ellos.

ESTRELLA.— ¡Suéltele³⁸ ahora mismo! ¡Le está haciendo daño!

CAMARERO.— *(Sin soltarle)* A éstos ya no les duele nada...

ESTRELLA.— ¡He dicho que le suelte ahora mismo!

El camarero suelta a Juan y mira a Estrella.

ESTRELLA.— ¿Quién le da a usted derecho a tratar así a la gente?

---

33 **dormir la mona** *to sleep off a hangover*
34 **bozal** *muzzle (for animals)*
35 **antes de que se me hinchen los cojones** *before I get really mad (vulgar)*
36 **lo agarra** *he grabs him*
37 **arrastrándole** *dragging him*
38 **Suéltele** *Let him go*

CAMARERO.— ¿Pero no acaba de decirme que le estaba molestando?

ESTRELLA.— Ahora me molesta usted mucho más. Parece un buitre[39] buscando carroña...[40]

JUAN.— Si lo de carroña es por mí...

CAMARERO.— ¡Tú te callas!

JUAN.— Yo nunca me he callado ante nadie y no pienso...

CAMARERO.— *(Con chulería[41])* ¿No piensas qué?

JUAN.— No pienso... No pienso... *(No se acuerda de lo que iba a decir. Se toca el bolsillo de la americana[42] y saca tabaco)* ¿Un cigarrito?

CAMARERO.— *(Con desprecio)* Tómate el cubata[43] y desaparece. *(A Estrella)* Y usted también. Voy a cerrar.

ESTRELLA.— Me iré cuando me dé la gana. Y haga el favor de meterse dentro de la barra, tiene clientes.

CAMARERO.— Lo he hecho por defenderla... señora.

ESTRELLA.— Es usted demasiado peligroso para defender a nadie. Vamos, a su puesto si no quiere que llame a la policía. Un café y un whisky.

El camarero, acobardado,[44] se mete detrás de la barra farfullando.[45] Estrella vuelve a sentarse en el taburete. Juan Domínguez, desconcertado, se acerca a la máquina de tabaco y saca otra cajetilla. Oímos las voces de los jugadores. Por la puerta de la sala de juego aparece Ramón. Es un hombre de unos cuarenta años. Está descamisado[46] y tiene el rostro rojo y desencajado.[47] Al ver a Juan Domínguez sonríe. Se acerca hacia él y conversan en tono bajo y precipitado.

---

39 **buitre** *vulture*
40 **carroña** *carrion, decaying flesh*
41 **con chulería** *threateningly*
42 **americana** *jacket*
43 **cubata** *cuba libre (drink with rum and coke)*
44 **acobardado** *intimidated, unnerved*
45 **farfullando** *muttering*
46 **descamisado** *shirtless*
47 **desencajado** *distraught*

RAMÓN.— Hombre, Juanito...

JUAN.— ¿Cómo va la cosa?

RAMÓN.— Mal. ¿Puedes prestarme diez mil, Juan?

JUAN.— ¿Diez mil? No jodas.⁴⁸

RAMÓN.— Ya has cobrado la pensión, ¿no?

JUAN.— Sí, pero... Ya me debes treinta y...

RAMÓN.— Venga, Juanito, tú ya no tienes familia que alimentar...

JUAN.— ¿Es para tu casa?

RAMÓN.— Tengo que recuperarme.

JUAN.— No, no fastidies...⁴⁹

RAMÓN.— Voy a por él.⁵⁰ Ese cabrón...⁵¹ No puede largarme⁵² ahora. ¿Cuánto tienes?

JUAN.— Me quedan veinticinco y estamos a día... *(No lo recuerda)* ¿Qué día es hoy?

RAMÓN.— Préstame diez.

JUAN.— Lo siento, Ramón, hoy no puedo. *(Mira a Estrella)*

RAMÓN.— ¿Quién es ésa?

JUAN.— ¡Chist... ! A ésa ni mirarla.

RAMÓN.— Dame diez, te devuelvo quince en menos de una hora. *(Juan se resiste)* Veinte. *(Juan se niega)* Veinticinco y entras conmigo.

JUAN.— No, no puedo.

RAMÓN.— *(Agresivo)* No seas cabrón. Vamos, Domínguez, sabes que si no fuera por mí no jugarías una.

Estrella se vuelve hacia los hombres.

JUAN.— *(Queriendo acabar con la situación)* Está bien... *(Saca el dinero. Algunos billetes se le caen al suelo. Estrella mira)* Toma.

---

48 **No jodas** *Get real (vulgar)*
49 **No fastidies** *Don't be a pain*
50 **Voy a por él** *I'm going to beat him*
51 **cabrón** *bastard (vulgar)*
52 **largarme** *get rid of me*

RAMÓN.— *(Dándole palmaditas en el hombro[53])* Media hora, te los devuelvo y me voy para casa.

JUAN.— Creo, Ramón, que...

RAMÓN.— *(Le deja con la palabra en la boca y hace un gesto al*
5 *camarero)* Estamos secos. *(Después mira descaradamente[54] a Estrella y vuelve a entrar en la sala de juego)*

CAMARERO.— *(A Estrella, poniéndoselos)* El café. El whisky.

Juan Domínguez pone un disco en el viejo aparato. Suena un tema de amor, un bolero.[55] El camarero coge la bandeja y se dirige hacia
10 *la sala de juego. Estrella escribe en su cuaderno. Juan, con temor, se acerca hacia ella.*

JUAN.— Gracias, Estrellita, sabía que eras buena.

ESTRELLA.— No lo soy.

JUAN.— Digna de ser[56] una Torres.

15 ESTRELLA.— *(Dándole el whisky)* Tenga, yo no bebo. Es para usted.

JUAN.— *(Contento)* Digna de ser una estrella del universo. Una estrella pequeña pero... Eso decía tu padre siempre. Me decía: "Domínguez, tengo tres hijos oscuros y una estrella pequeñita pero bri-
20 llante".

ESTRELLA.— ¿Eso se lo decía cuando estaba sobrio[57] o cuando estaba borracho?

JUAN.— Pues no lo sé. No veo la diferencia.

ESTRELLA.— Claro. No había diferencia.

25 JUAN.— Torres era bueno siempre, un pedazo de pan.[58] Y como jugador no tenía precio. Los grandes jugadores son hombres inteligentes. Unas veces ganaba, otras perdía, pero siempre era un gran jugador.

---

53 **dándole palmaditas en el hombro** *patting him on the shoulder*
54 **descaradamente** *shamelessly*
55 **bolero** *Spanish dance music, usually romantic*
56 **Digna de ser** *Worthy of being*
57 **sobrio** *sober*
58 **pedazo de pan** *good person*

ESTRELLA.— ¿Le ganaba usted el dinero, o se lo sacaban otros como a... usted ahora?

JUAN.— ¿Cómo dices? Oye, perdóname que te tutee pero... tú eres Estrellita, la niña y...

5 ESTRELLA.— Sí, claro, no se preocupe.

JUAN.— "No te preocupes". Llámame de tú, por favor. Yo era íntimo amigo de tu padre.

ESTRELLA.— ¿No eras de los que le sacaban el dinero?

JUAN.— Nunca. Torres era mi compañero, mi socio. Lo que ganábamos lo repartíamos.[59]

ESTRELLA.— Y después os lo bebíais juntos en compañía de unas cuantas putas.[60]

JUAN.— Eres una niña muy mal educada.[61]

ESTRELLA.— ¿Por qué? Es verdad.

15 JUAN.— Escucha, mocosa,[62] hay mentiras que son amables y verdades que son de muy mala educación. Veo que Torres no supo educarte. Te tenía que haber dado algún cachete[63] más.

ESTRELLA.— Torres, como tú dices, nunca me tocó. Ni para pegarme, ni para acariciarme,[64] ni para ponerme los guantes en invierno. Torres sólo sabía tocar las cartas, los billetes y las copas. Tu amigo Torres era un auténtico desastre.

JUAN.— Eso no se debe decir de un padre.

ESTRELLA.— ¿Es una verdad mal educada?

JUAN.— *(Dolido)* Eso no se debe decir de un muerto.

25 *Hay un momento de silencio, de tensión. Juan Domínguez bebe. Estrella se toca la frente.*

ESTRELLA.— Domínguez, dame un cigarro.

---

59 **repartíamos** *we would share*
60 **putas** *whores*
61 **mal educada** *fresh*
62 **mocosa** *pipsqueak, badly behaved child*
63 **cachete** *slap*
64 **acariciarme** *to show me any affection*

JUAN.— *(Satisfecho saca las tres cajetillas)* ¿Rubio con boquilla?[65] ¿Rubio sin boquilla? ¿O negro?

ESTRELLA.— Rubio con boquilla.

Juan le da el cigarro rubio y toma uno para él. Ambos encienden su mechero[66] a la vez. Se miran. Cada uno enciende el cigarro de su propio fuego.

JUAN.— Si te viera ahora estaría muy orgulloso de ti. Una mujer tan hermosa y tan... importante. He leído tu novela. *(Estrella lo mira sorprendida)* Sí, la compré. También te he visto en la televisión y en los periódicos...

ESTRELLA.— ¿Te gustó?

JUAN.— ¿El qué?

ESTRELLA.— Mi novela.

JUAN.— Me emocionó cada letra, cada coma y cada punto. Pero no sé lo que ponía, la historia no me interesaba. Me gustaba que el libro fuera de la hija de Torres. Eso era lo impresionante. De la niña nunca hubiera esperado tanto...

ESTRELLA.— Ah, ¿pero esperaba algo de alguien?

JUAN.— Claro que sí. Esperaba que sus hijos estudiaran una carrera, no como él, que fueran hombres importantes y honrados...

ESTRELLA.— No como él.

JUAN.—... Y que la chica... que la chica encontrara un hombre bueno. Un hombre que no se pareciera a él.

ESTRELLA.— Mira, en eso estábamos de acuerdo. Me he pasado la vida buscando a un hombre que no se pareciera a él en nada.

JUAN.— ¿Y lo has encontrado?

ESTRELLA.— *(Después de una pausa)* No. Todos los hombres que han pasado por mi vida se parecían a él.

JUAN.— *(Bebe)* Torres era muy bueno. Era... *(Se le cae el vaso al ir a dejarlo)*

---

65 **boquilla** *filter tip*
66 **mechero** *lighter*

ESTRELLA.— *(Reacciona con furia)* Era un fantasma, un cobarde, un mal marido. Un degenerado que fabricaba hijos con espermatozoides borrachos...

JUAN.— ¡Eso no es cierto!

ESTRELLA.— Y tú eres como él.

JUAN.— A mí puedes insultarme. Pero que insultes a Torres no te lo permito. ¡Era mi mejor amigo!

ESTRELLA.— ¡Y mi puto padre![67]

JUAN.— *(Muy afectado)* Eres una hija ingrata y resentida. No tienes derecho a hablar así de un pobre hombre... *(Tose)* enfermo. De alguien que... que... *(No se acuerda)* Que vivió una guerra y le destrozaron la cabeza. *(Se toca la cabeza)* Ignorantes... Nos echaron ignorantes a la calle. Ni un dolor, ni miedo, ni un poco de hambre... Vosotros no sabéis lo que es sufrir. No sabes lo que es ser un hombre. Ser un hombre con la cabeza destrozada. *(Se calla en seco)* Me voy. *(Se toca el pecho)* Se me ha puesto un dolor aquí. *(Llamando al camarero)* ¡Chico... ! ¡Chico... ! ¿Dónde está?

Aparece el camarero.

CAMARERO.— Sin gritos. ¿Qué quieres?

JUAN.— Cóbrame. *(Señalando la consumición de Estrella)* Todo.

CAMARERO.— ¿Se van por fin?

ESTRELLA.— Yo no.

CAMARERO.— Voy a echar el cierre.[68]

ESTRELLA.— *(Señalando la sala de juego)* ¿Y ellos por dónde van a salir?

CAMARERO.— Hay una puerta trasera[69] por donde salen los... jugadores.

JUAN.— Es mejor que te vayas. ¿Qué haces aquí?

---

67 **mi puto padre** *my damn father (vulgar)*
68 **echar el cierre** *to bolt the door*
69 **puerta trasera** *back door*

ESTRELLA.— *(Aturdida)*[70] No, no puedo. Tengo que tomar algunas notas más. Tengo que enterarme.[71] Ellos siguen jugando... los oigo... Están ahí.

CAMARERO.— Usted sabrá. Pero yo voy a echar el cierre.

JUAN.— *(Señalando la puerta de salida)* Sal por aquí. Vete a casa.

ESTRELLA.— Me quedo.

JUAN.— *(Encogiéndose de hombros)* Adiós, Estrella.

ESTRELLA.— Adiós.

JUAN.— Toma, quédate con el rubio. *(Estrella niega con la cabeza)* No lo he tocado. Sólo lo compro para invitar. *(Deja el tabaco encima de la barra)* Adiós.

Juan camina hacia la puerta de salida. En el momento en que la abre, Estrella lo llama. Su voz sale de muy adentro, es como un grito de socorro[72] que suena a orden.

ESTRELLA.— ¡Domínguez! *(Juan se vuelve y la mira)* Cuando mi padre no quería oír las verdades... se iba. *(Pausa)* Quédate.

Juan Domínguez se queda parado. Después, lentamente, vuelve al lado de Estrella.

CAMARERO.— *(Harto[73])* Se acabó. *(Echa el cierre metálico con brusquedad y sale)*

ESTRELLA.— *(A Juan con dolor contenido)* Un día, no tendría yo más de ocho años, me coloqué delante de la puerta para que no pudiera salir de casa. Él, enfadado, me dijo: "Quítate de ahí, vamos, no hagas tonterías". Me tiré al suelo y me agarré a su pierna con todas mis fuerzas. ¿Sabes lo que hizo? Sacó un billete de mil pesetas y me lo enseñó. "¿No lo quieres?" me dijo. "Es para ti". Yo solté una mano para coger el billete y él se deshizo de mí con facilidad. Cuando quise comprender ya se había marchado.

JUAN.— Tu padre era un hombre generoso. No escatimaba[74] una peseta a nadie.

---

70 **aturdida** *flustered*
71 **enterarme** *to find out about something*
72 **grito de socorro** *cry for help*
73 **Harto** *Fed up*
74 **escatimaba** *he didn't hold back*

ESTRELLA.— ¿No entiendes porque estás bebido o porque te falta alcohol? Dime. ¡Qué hay que hacer para que los hombres como tú comprendáis algo... ! ¡Qué hago hablando con un muerto!

JUAN.— No te pongas así... Estás... estás herida.[75]

ESTRELLA.— No.

JUAN.— Estás temblando... *(Se acerca hacia ella)*

ESTRELLA.— ¡No me toques!

JUAN.— Tienes miedo...

Estrella, sin saber qué hacer, intenta anotar algo en el cuaderno.

JUAN.— ¿Quieres una copa? Te invito yo. ¡Camarero! ¡Camarero!

ESTRELLA.— Te he dicho que no bebo.

JUAN.— No beber alcohol nunca no es... bueno.

Vuelve el camarero que va y viene de la sala de juego.

CAMARERO.— ¿Qué coño quieres ahora?[76]

ESTRELLA.— *(Contundente[77])* Otro whisky para el señor. *(El camarero reta con la mirada[78] a Estrella)* He dicho que otro whisky.

CAMARERO.— ¿Por qué no van a contarse la vida a otro sitio?

ESTRELLA.— Está bien, deje la botella y no le molestaremos. ¿Cuánto vale?

CAMARERO.— *(Después de pensárselo)* Ocho mil pesetas. Precio de bar.

ESTRELLA.— *(Dándole dos billetes de cinco)* Tenga.

JUAN.— No, ni hablar... No puedo permitir que me invite una mujer.

ESTRELLA.— Yo no soy una mujer... contigo.

Juan la mira en silencio. El camarero coge los billetes de Estrella.

ESTRELLA.— Quédese con la vuelta[79] y déjenos tranquilos.

---

75 **estás herida** *you are hurt*
76 **¿Qué coño quieres ahora?** *What the hell do you want now? (vulgar)*
77 **contundente** *forceful*
78 **reta con la mirada** *he gives a challenging look*

El camarero deja la botella y sale.

JUAN.— ¿Ves? Tú también eres generosa... como tu padre.

ESTRELLA.— *(Riéndose con cierta amargura)* Es verdad. Yo también compro a la gente.

⁵ JUAN.— Te pareces tanto a Torres. En los gestos, en esa risa, en la forma de mover las manos, en el carácter... ¡Menudo carácter tienes![80] Eres tan parecida...

ESTRELLA.— No me digas eso, por favor.

JUAN.— Es cierto. Y es lógico... Lo que se ve se aprende.

¹⁰ ESTRELLA.— Entonces es imposible que me parezca. Nunca estuve con mi padre. No recuerdo, apenas, nada de él. Regresaba a casa cuando yo dormía y se iba cuando yo dormía...

JUAN.— ¡Eras una dormilona![81]

ESTRELLA.— Era una niña, Domínguez.

¹⁵ JUAN.— ¿Y después?

ESTRELLA.— Después dejó de venir. No sé quien era. Se murió hace cinco años sin que yo tuviera la más remota idea de quién era.

JUAN.— Era un hombre bueno.

ESTRELLA.— ¿Qué más? Dime algo más. Necesito saberlo.

²⁰ JUAN.— Era... era un gran jugador y un gran amigo.

ESTRELLA.— Eso ya me lo has dicho. Cuéntame otras cosas. ¿Te hablaba de mí?

JUAN.— *(Piensa)* Sí, a veces.

ESTRELLA.— *(Con ansiedad)* ¿Qué te decía?

²⁵ JUAN.— Pues... No sé. No lo puedo recordar ahora.

ESTRELLA.— *(Sirviéndole alcohol)* Haz un esfuerzo. ¿Qué te decía de mí?

JUAN.— Te llamaba Estrellita.

---

79 **vuelta** *change*
80 **¡Menudo carácter tienes!** *What a temper you have!*
81 **dormilona** *sleepyhead*

ESTRELLA.— ¿Qué más?

JUAN.— Y me decía: "Juanito, tengo tres hijos oscuros y una estrellita brillante..."

ESTRELLA.— ¿Por qué?

5 JUAN.— No sé... Ah, era tu pelo rojo, ¿o no? Sí, le gustaba tu pelo... ¿O es a mí a quien le gusta tu pelo?

ESTRELLA.— Antes me has dicho que recordabas mi mirada perdida y... *(No lo recuerda)*

JUAN.— Insolente. Insolente.

10 ESTRELLA.— ¿Me conociste de pequeña? ¿Cómo fue? ¿Estaba yo con mi padre?

JUAN.— *(Dudando)* No, no estabas con Torres.

ESTRELLA.— Entonces, ¿cómo fue? Intenta[82] recordarlo.

JUAN.— *(Haciendo memoria)* Una noche vino tu madre contigo a
15 buscar a Torres... aquí.

ESTRELLA.— ¿Aquí?

JUAN.— ¿O fue en el club?

ESTRELLA.— Piénsalo.

JUAN.— Eso no lo recuerdo.

20 ESTRELLA.— Por favor...

JUAN.— Sí, fue aquí. Sí, seguro que fue aquí. *(Estrella se levanta y observa el bar como intentando recordar)* Apareció tu madre, muy morena, muy guapa. Una real hembra.[83] Entró buscando a Torres. Tú estabas en sus brazos, no tendrías más de tres años, pero ya tenías los
25 ojos enormes y la mirada insolente. Tu madre lloraba y gritaba a tu padre y tú... tú mirabas a uno y a otro con esa mirada...

ESTRELLA.— Eso no es insolencia, Domínguez, es terror.

JUAN.— Tu padre decía: "No tenías que haber traído aquí a la niña, mujer". Y tu madre contestaba: "Si estuvieras en casa no hubiéramos
30 tenido que venir a buscarte".

---

82 **intenta** *try to*
83 **real hembra** *real woman*

ESTRELLA.— ¿Aquí? Yo he estado aquí antes...

JUAN.—... Y tú lo mirabas todo, como hoy. Torres le dijo a tu madre: "Iros para casa, yo iré dentro de un rato".

ESTRELLA.— ¡Qué desgraciado![84]

5 JUAN.— Iba ganando mucho dinero. No podía cortar la partida.[85] No es legal. Tu padre era un gran jugador.

ESTRELLA.— ¡Un gran hijo de puta, eso es lo que era! O sea, que no podía dejar a esos... indecentes perdiendo dinero y podía dejar a su mujer y a su hija volver a las tantas de la noche,[86] a casa, solas. Su 10 mujer desesperada y él... ¡Qué canalla![87]

Estrella abre su bolso y saca monedas. Compulsivamente comienza a echarlas en la máquina tragaperras. Al cabo, empieza a dar golpes a la máquina entre expresiones de rabia. Los golpes son cada vez más fuertes. Juan Domínguez la observa asustado. Llena su taza de 15 *café con whisky y se acerca a ella.*

JUAN.— No te sulfures así.[88] Eso fue hace muchos años. ¿Por qué recordarlo ahora?

ESTRELLA.— ¡Déjame!

Entra el camarero.

20 CAMARERO.— ¿Qué pasa aquí?

Estrella hace caso omiso.[89]

JUAN.— No pasa nada.

CAMARERO.— Esta mujer está loca. ¡Señora... !

JUAN.— Déjala. Está un poco nerviosa...

25 CAMARERO.— Señora, va a estropear[90] la máquina.

Estrella deja de golpear la máquina pero continúa echando monedas.

---

84 **¡Qué desgraciado!** *What a loser!*
85 **cortar la partida** *to stop the game*
86 **a las tantas de la noche** *very late*
87 **¡Qué canalla!** *What a bastard!*
88 **No te sulfures así** *Don't get so mad*
89 **hace caso omiso** *she ignores him*
90 **estropear** *to wreck, break*

JUAN.— *(Al camarero)* Ves, no pasa nada. Ya está. Se acabó el problema. *(Se oye alguna voz dentro)* Te están llamando. *(El camarero, sin dejar de mirar a Estrella, llena la bandeja[91] y sale.)*

JUAN.— ¿Tú sabes jugar al póquer? *(Estrella no le oye. Juan sube el tono de voz)* ¿Juegas al póquer?

ESTRELLA.— No. No. ¡No, por Dios! Nunca en la vida he jugado al póquer.

JUAN.— Pues llevando la sangre que llevas serías una gran jugadora.

ESTRELLA.— *(Sin escucharle)* ¿Tienes monedas?

JUAN.— *(Buscando en sus bolsillos)* Toma.

Estrella, más calmada, sigue echando monedas.

JUAN.— Yo, sin embargo, no soy amigo de las tragaperras, aunque, a veces, también echo alguna moneda. *(Señalando hacia dentro)* A ésos ya no les gusta jugar conmigo. Sólo me dejan cuando no hay otro. Me falla la memoria[92] y... *(Tocando la máquina)* Esto es sólo para mujeres solitarias y viejos... denigrados.[93]

A Estrella se le acaban las monedas.

ESTRELLA.— *(Con ansiedad)* ¿Tienes alguna moneda más? Está a punto de cantar.[94]

JUAN.— Vamos, déjalo ya. Siempre parece que está a punto pero nunca llega.

ESTRELLA.— *(Vaciando su bolso)* ¡Mierda! Dile a ése que venga a cambiarme.[95] Vete a buscarlo, por favor.

JUAN.— Eh, eh..., tranquilízate. Estás muy nerviosa. *(Sacando una moneda misteriosamente)* Toma, la última.

Estrella la echa. Comienza a sonar la musiquilla del premio.

ESTRELLA.— ¿Has visto?

JUAN.— ¡Vaya suerte! Había olvidado que eres una Torres.

---

91 **bandeja** *tray*
92 **Me falla la memoria** *My memory fails me*
93 **denigrados** *disreputable*
94 **a punto de cantar** *I'm about to get a hit*
95 **cambiarme** *to give me change*

El dinero comienza a caer precipitadamente. Estrella lo coge y da la mitad a Juan Domínguez.

ESTRELLA.— Toma, esto es tuyo.

JUAN.— No, ni hablar...

⁵ ESTRELLA.— No seas tonto. La moneda era tuya. Cógelo.

JUAN.— *(Con un gesto de dignidad)* He dicho que no.

ESTRELLA.— Como quieras. *(Toma las monedas y empieza a meterlas de nuevo en la máquina)*

JUAN.— Si las vas a perder, dame mi parte.

¹⁰ ESTRELLA.— *(Dándoselas)* Toma, tu parte.

JUAN.— *(Sonriendo satisfecho)* Es como estar con Torres... otra vez. *(Hace ademán[96] de ir a darle una palmada. Estrella se retira y, abatida,[97] se sienta en una mesa)*

Juan se acerca al aparato de discos.

¹⁵ JUAN.— Escucha, te voy a poner una canción. Es suave y calma los demonios. A tu padre también le gustaba mucho. *(Se ríe)* Se sabía la letra y la cantaba bien. Escucha, Torres.

Suena el bolero de antes. Juan empieza a tararearlo.[98] Después se va animando y lo canta. Coge la botella y baila con ella como si fuera ²⁰ *una novia. Estrella le mira entre triste, furiosa y perpleja. Juan, termina el bolero cantándole a Estrella. Después se acerca hacia ella y le da la taza con whisky.*

JUAN.— Toma, esto es bueno. Da un trago.

ESTRELLA.— *(Niega con la cabeza. Mira a Juan fijamente)* Dime, ²⁵ ¿quién eres?

JUAN.— Un hombre. *(Pausa)* Un hombre viejo. ¿Y tú?

ESTRELLA.— Tendría que contestarte que una mujer. Una mujer todavía joven, ¿no?

JUAN.— Eso ya lo veo. Joven, hermosa y llena de éxito. Pero no es ³⁰ eso lo que quiero saber.

---

96 **ademán** *gesture*
97 **abatida** *saddened*
98 **tararearlo** *to hum it*

ESTRELLA.— ¿Y qué quieres saber?

JUAN.— ¿Estás casada? ¿Tienes niños?

ESTRELLA.— ¿Casada? No. Bueno, estuve un tiempo con un hombre y tuvimos un hijo. *(Sonríe y toda su cara se ilumina)* Ahora tengo un hijo precioso... *(Seria otra vez)* Pero no tengo hombre.

JUAN.— ¿Os separasteis?

ESTRELLA.— Sí. No nos entendíamos. *(Pausa)* En realidad fui yo. Nunca... nunca he sabido qué hacer con un señor en casa.

JUAN.— Con un hombre no hay que hacer nada.

ESTRELLA.— Si no haces nada... se van.

JUAN.— Pero siempre volvemos... Si se nos deja la puerta abierta, si sabemos que nos esperan, volvemos.

ESTRELLA.— No, yo no sé esperar. Yo necesito que me esperen a mí.

JUAN.— Eso es mal asunto, pequeña. Eso los hombres no lo sabemos hacer.[99]

ESTRELLA.— *(Desde muy adentro)* ¿Por qué? ¿Por qué no?

JUAN.— Porque nosotros estamos hechos a medida de la calle.[100] No podemos parar, ¿entiendes? Y para esperar hay que saber estarse quieto.

ESTRELLA.— Qué pena, ¿no? Yo también tengo que estar por las calles. Mi vida está en la calle. Los argumentos de mis novelas están en la calle, mis personajes los encuentro en la calle. Tengo que salir a vender mis libros a la calle... *(Desde lo más hondo)* Qué pena, ¿no?, qué pena que no sepan esperarme.

JUAN.— ¿Todavía le quieres?

ESTRELLA.— ¿A quién?

JUAN.— Al padre de tu hijo.

ESTRELLA.— No, qué va.[101] *(Reflexionando)* Creo que nunca le quise.

---

99 **estarse quieto** *to be still*
100 **hechos a medida de la calle** *made to be on the street*
101 **No, qué va** *No way*

JUAN.— No digas bobadas,[102] tú no eres de ésas que se acuestan con cualquiera.

ESTRELLA.— *(Sonríe ante su incomprensión)* No, no me has entendido. De que no amo me doy cuenta después, cuando ya no puedo hacer nada por remediarlo. *(Pausa)* Entonces también descubro que ellos tampoco me querían a mí.

JUAN.— No digas tonterías. Una mujer como tú tiene que tener cientos de hombres a sus pies. Los jóvenes de ahora son unos gilipollas.[103] Si yo tuviera veinte años menos... no te dejaría escapar.

ESTRELLA.— Tú qué sabes... qué sabes cómo soy yo. Yo no soy dulce... ni quiero serlo.

JUAN.— Los bombones más dulces son los que mejor vienen envueltos, sólo hay que saber quitarles el papel de plata sin estropearlos.

ESTRELLA.— *(Mira con ternura a Domínguez, pero enseguida reacciona a la defensiva)* Palabras. Todos los mundos están llenos de palabras. Yo también sé jugar con ellas, sí. Y casi todos los hombres de mi vida también sabían. Sin embargo, ninguno pudo quitarme el papel de plata y el bombón se puso rancio...[104] se hizo viejo. Ya sabes, ahora somos un hombre viejo y una mujer... *(Se toca el corazón)* vieja. *(Estrella coge la taza llena de whisky y bebe).*

JUAN.— *(Enfadado)* No sabes lo que dices. Sigues siendo una niña malcriada.[105] Una ingrata. *(La mira y asiente)* Sí, pero tienes razón, pareces vieja. Tienes un terrible gesto de vieja.

ESTRELLA.— Y tú no tienes derecho a hablarme así. Yo.. yo...

JUAN.— Pero cuando sonríes... Cuando sonríes y levantas los ojitos... ¡Sonríe, Estrella!

ESTRELLA.— ¿Para qué? No tengo ganas de sonreír.

JUAN.— Sonríe sin ganas. Vamos, inténtalo.

ESTRELLA.— ¿Para qué?

---

102 **No digas bobadas** *That's nonsense*
103 **gilipollas** *jerks (vulgar)*
104 **se puso rancio** *got rancid*
105 **malcriada** *bad-mannered*

JUAN.— Hazlo un momento. Antes, cuando me has dicho que tenías un niño, lo has hecho muy bien. *(Estrella toma aire y suspira)* Sonríe, coño.

ESTRELLA.— *(Hace una sonrisa falsa. Después sonríe de verdad)* Estás loco. Estás completamente pirao.[106]

JUAN.— Eso es. Ahora eres una mujer joven, con brillo en los ojos, con futuro. Ahora mírame a mí. ¿Qué ves en mi cara?

ESTRELLA.— *(Desconcertada)* No lo sé.

JUAN.— Sí que lo sabes. Dilo, no tengas miedo. Dilo.

ESTRELLA.— *(Mirándolo detenidamente)* Veo arrugas.[107] Un mapa lleno de arrugas cruzadas... Caminos rodeados de manchas.[108] Amarillo, tonos amarillos en el fondo de tus ojos...

JUAN.— Pues ahora sonrío. *(Sonríe)* ¿Qué ves ahora?

ESTRELLA.— No te entiendo.

JUAN.— Ahora sigues viendo una cara llena de arrugas y de manchas, unos ojos acuosos y amarillos. ¿Entiendes la diferencia que hay entre nosotros? Esa es la diferencia.

Estrella se queda callada. Enciende un cigarro de la cajetilla de Juan Domínguez.

ESTRELLA.— ¿Tienes mujer?

JUAN.— ¿Eh?

ESTRELLA.— ¿Que si tú tienes mujer?

JUAN.— No, murió hace nueve años. *(Pausa)* Tenía una enfermedad llamada Juan Domínguez. Es una especie de virus que va matando poco a poco. La última fase es la del odio, y el odio... conduce a la muerte. Fue una muerte lenta. Duró treinta años.

ESTRELLA.— ¿Por qué no hiciste nada por evitarlo?

JUAN.— ¿El qué? Yo no sabía qué hacer. Además ella tampoco quería curarse.

ESTRELLA.— Tal vez te amaba.

---

106 **pirao** *nuts*
107 **arrugas** *wrinkles*
108 **manchas** *(age) spots*

JUAN.— ¿Amarme? Sí, debía amarme. A veces nos queríamos y hacíamos el amor. Tuvimos dos hijos que se avergüenzan de mí[109] y no vienen nunca a verme. Están enfermos... Ella... Ella les transmitió la enfermedad Juan Domínguez.

ESTRELLA.— Eres peligroso.

JUAN.— *(Se ríe)* ¿Peligroso yo? Nunca he sido capaz de matar ni una mosca. No, no es que me gusten, es que pienso que... todo el mundo tiene derecho a vivir.

ESTRELLA.— *(Dando otro trago)* Yo, sin embargo, odio las moscas y... las mato. Son torpes[110] e ignorantes. Son capaces de meterse por error en el oído de una persona y zumbar,[111] zumbar... Yo cojo el spray y zas, las fulmino.[112]

JUAN.— *(Riéndose)* ¿Dentro del oído?

ESTRELLA.— Cuando se cuelan[113] en el oído mueren solas. No pueden encontrar la salida. El túnel se cierra y se pegan a la cera[114] como si fuese miel. Pero es cera no miel. ¡Qué bichos más absurdos! Cuando amenaza[115] tormenta se vuelven locas y pasean por tu cuerpo como si fuera su casa. No, no son agresivas, son idiotas y aman la mierda.

JUAN.— Me gusta tu sentido del humor. Me gusta la gente con la que se puede hablar de todo.

ESTRELLA.— *(Riéndose)* Sí, menuda conversación...[116] Creo que la que se está volviendo loca soy yo.

JUAN.— *(Riéndose ingenuo)* Filosofía, esto es filosofía pura, pequeña.

Se oyen pasos. Entra Ramón desencajado.

RAMÓN.— Juan... Juanito... *(Mira a Estrella)* Lo siento, usted...

JUAN.— Es Martita, mi hija.

---

109 **que se avergüenzan de mí** *who are ashamed of me*
110 **torpes** *clumsy*
111 **zumbar** *to buzz*
112 **las fulmino** *I zap them*
113 **se cuelan en el oído** *they get into your ear*
114 **cera** *wax*
115 **amenaza tormenta** *a storm is threatening*
116 **menuda conversación** *quite a conversation*

RAMÓN.— *(Extrañado*[117]*)* Ah, mucho gusto.

ESTRELLA.— *(Duda. Después contesta)* Hola.

RAMÓN.— *(A Juan)* ¿Puedes venir un momento?

JUAN.— Sí, claro. *(A Estrella)* Discúlpame, cariño.

Juan y Ramón se retiran a un lado. Oímos su conversación tensa y precipitada.

RAMÓN.— Tienes que dejarme cinco más.

JUAN.— No puedo, Ramón, me dejas sin blanca.[118]

RAMÓN.— Lo necesito, Juan. ¡Me cago en Dios![119] ¡Tiene que cambiarme la suerte!

JUAN.— Retírate, vete a casa.

RAMÓN.— Ahora no puedo. Déjame diez y juegas la última. Pastor está asfixiado, en un rato se abre. Préstame para recuperarme y juegas la última. Te doy mi palabra.

JUAN.— *(Muy tieso*[120]*)* No puedo. Me tengo que ir con mi hija.

RAMÓN.— No sabía que...

JUAN.— Ha venido a buscarme. *(Orgulloso)* Tenía que hablarme de un asunto de familia. Un asunto urgente.

RAMÓN.— Es muy guapa.

JUAN.— *(Verdaderamente encantado)* Mucho.

RAMÓN.— Vamos, Juan, préstame algo.

JUAN.— *(Mirando a Estrella fascinado)* Muy guapa. Toma. *(Saca la cartera y le da dos billetes sin dejar de mirar a Estrella)* Muy guapa...

RAMÓN.— *(Haciendo un gesto de agradecimiento a Juan)* Te aviso si se larga Pastor, ¿de acuerdo? *(Entra rápidamente en la sala de juego)*

---

117 **extrañado** *surprised*
118 **sin blanca** *broke*
119 **¡Me cago en Dios!** *God damn it! (vulgar)*
120 **tieso** *stiff*

Juan Domínguez sale de su ensimismamiento[121] y, asombrado, se mira la mano vacía. En el rostro de Estrella ha vuelto a aparecer un gesto de rabia.

JUAN.— *(Por Ramón)* Un buen amigo. Un gran jugador.

ESTRELLA.— Sí, otro sinvergüenza[122] que te saca la pasta...[123] No soporto[124] tanta basura. Me voy.

JUAN.— ¿Irte? No te puedes ir ahora. Déjame presentarte a los otros.

ESTRELLA.— ¿Estás loco? Yo no soy tu hija.

JUAN.— ¿Qué te importa por una noche? Será un momento. ¿Has visto lo impresionado que se ha quedado Ramón? Si te conocieran volverían a respetarme. ¡Se darían cuenta de que no soy un desgraciado, de que yo también tengo una familia...!

ESTRELLA.— Sería otra de tus mentiras. Enseñarías a una hija que no es tu hija, que no te quiere.

JUAN.— *(Sin dolor, sólo intentando convencerla)* No importa, mi hija tampoco me quiere.

ESTRELLA.— No, Domínguez, no voy a hacerte el juego. Estoy muy cansada... No he venido aquí a salvar la vida a nadie.

JUAN.— Entonces, ¿a qué has venido?

ESTRELLA.— *(No encuentra la respuesta)* No lo sé. Ya me voy.

JUAN.— Por favor, entra conmigo. Serán unos minutos, sólo para que nos vean juntos, para que vean lo guapa que eres y cómo te pareces a mí.

ESTRELLA.— ¡Domínguez! Creo que ya estás con el delírium trémens.[125]

JUAN.— Por favor, Estrellita. Estoy viejo, tengo la cabeza destrozada, ¿no puedes entenderlo?

---

121 **ensimismamiento** *deep thought, absorption*
122 **sinvergüenza** *scoundrel*
123 **pasta** *dough (money)*
124 **no soporto** *I can't stand*
125 **delírium trémens** *hallucinations (You're out of your mind)*

ESTRELLA.— No, no puedo entenderlo. Te miro, te escucho pero... no puedo saber quién eres. Veo esa máscara sucia, irreal y... ¡me duele tanto!

JUAN.— Yo no era así. No creas que era así antes. Yo fui joven y muy atractivo. Tenía montones de mujeres detrás. Yo fui un hombre con futuro. *(Pausa)* También fui inteligente. Empecé tirando de una carretilla[126] y acabé siendo un gran contable.[127] Sí, yo también escribía libros como tú. Libros de... contabilidad. Números, miles de números, todos colocados en su sitio. Números a la izquierda, números a la derecha, números a la izquierda, números...

ESTRELLA.— *(Interrumpiéndole)* Estoy muy cansada. He bebido y... no estoy acostumbrada. Me quiero ir de aquí.

JUAN.— Tienes que escucharme antes. ¡No te puedes ir sin escucharme!

ESTRELLA.— Los borrachos nunca dicen la verdad.

JUAN.— ¡No estoy borracho! Sé perfectamente lo que digo. Además... las personas somos algo más que palabras, ¿no?

ESTRELLA.— *(Aturdida)* No lo sé...

JUAN.— Somos personas.

ESTRELLA.— Yo no sé nada.

JUAN.— Lo que quiero decirte es que yo también he sabido amar. Y que todavía tengo un corazón, joder, y una boca y unas manos... Y que yo... *(Con verdad)* Yo te quiero mucho.

Estrella no reacciona. Conmovida[128] baja la cabeza.

JUAN.— Qué pelo rebelde... Ese pelo rojo. *(Va a tocárselo)*

ESTRELLA.— A mi padre es lo único que le gustaba de mí. *(Retirando la cabeza)*

JUAN.— Lo único no. Es lo que más le gustaba de ti. *(Pausa)* Tu madre también tenía un pelo precioso. Nada más verla me enamoró. Sí, fue increíble encontrarla. Otra vez sopas calientes, calcetines zur-

---

126 **tirando de una carretilla** *working the wheelbarrow*
127 **contable** *accountant*
128 **conmovida** *moved*

cidos[129] y un pecho... Un pecho suave donde meter la cabeza. Sí, yo también estuve enamorado.

ESTRELLA.— Pero no estabas nunca en casa, ¿no?

JUAN.— Eso fue después, años después de casarnos. Dejé de ascender en la empresa, debió ser que se me fueron las luces.[130] La cabeza rota, los plomos fundidos.[131]

ESTRELLA.— El alcohol... el alcohol...

JUAN.— No ganaba lo suficiente para todos sus caprichos. Ella me lo reprochaba, me echaba broncas[132] por todo. Y me quitó su pecho. *(Pausa)* Hablaba y hablaba y yo... callado. Parado ante la diosa, ante la víctima. Abrir la puerta de casa por la noche era como entrar en la jaula de la fiera...

ESTRELLA.— Abrir la jaula a las tres, a las cuatro, a las cinco, a las seis de la mañana. Al día siguiente.

JUAN.— Arañazos, bocados,[133] golpes sin piedad... Si supieras qué miedo me daba.

ESTRELLA.— Y tú entonces, salías corriendo como un cobarde y te escondías en este lugar espantoso, mientras ella barría, lavaba, cosía, sufría... Nos criaba sola.[134] Esa fue mi casa. Una casa sin hombres. ¡Dios qué noches! ¡Cuántas noches me he pasado rezando para que llegaras pronto, para no oír los gritos! ¿Cómo se puede ser tan cruel e irresponsable?

JUAN.— ¡Nunca te pegué! Nunca...

ESTRELLA.— Yo no he dicho eso. Tú me torturaste de una manera más sutil.

JUAN.— A mí sí. Mi padre me pegaba con el cinto y con los puños.[135] Me llamaba cagón[136] y enano.[137] No podía soportar que fuera débil y... pequeño. A los doce años me trajo a Madrid y me dejó tira-

---

129 **zurcidos** *darned, mended*
130 **se me fueron las luces** *I lost my head*
131 **plomos fundidos** *fuses blown*
132 **me echaba broncas** *she would get mad at me*
133 **arañazos, bocados** *scratches, bites*
134 **Nos criaba sola** *She raised us by herself*
135 **con el cinto y con los puños** *with his belt and fists*
136 **cagón** *wimp (vulgar)*
137 **enano** *midget*

do...¹³⁸ con la cabeza... Mira. *(Se retira el pelo y muestra a Estrella una enorme cicatriz)*¹³⁹

ESTRELLA.— *(Sobrecogida)*¹⁴⁰ ¿Qué es eso?

JUAN.— La cabeza rota de arriba a abajo.

ESTRELLA.— ¿Quién te hizo eso?

JUAN.— No importa.

ESTRELLA.— ¿Te lo hizo tu padre?

JUAN.— *(Resentido)* Sí, porque él me mandó a la guerra. Yo no quería ir, era un niño todavía... *(Se queda callado)*

ESTRELLA.— ¿Y qué pasó?

JUAN.— Creo que nadie daba un duro por mí.¹⁴¹ Me dejaron en un catre¹⁴² solo, inconsciente. Pero un día... me desperté.

ESTRELLA.— ¿Pero cómo te lo hicieron?

JUAN.— *(Duda)* Yo... yo iba a la vanguardia del batallón. Los tanques enemigos se acercaban hacia nosotros... A lo lejos se escuchaba el ruido de la artillería... ¡Bum..., bum... bum... !

ESTRELLA.— *(Interrumpiéndole)* Estás mintiendo.

JUAN.— Sí, ¿verdad?

ESTRELLA.— ¿Por qué? ¿Por qué mientes siempre?

JUAN.— No me doy cuenta. *(Pausa)* La cabeza. ¿Quién me dio el golpe? Perdóname, estoy viejo. Perdona, cariño.

ESTRELLA.— No lo puedes haber olvidado.

JUAN.— *(Pensando)* La cabeza... La cabeza... Ah, claro. *(Pausa)* ¿Si te digo la verdad no se lo dirás a nadie?

ESTRELLA.— No.

JUAN.— Me coceó¹⁴³ un burro, en mi pueblo.

---

138 **me dejó tirado** *threw me out on my own*
139 **cicatriz** *scar*
140 **sobrecogida** *taken aback*
141 **nadie daba un duro por mí** *nobody cared about me*
142 **catre** *cot*
143 **Me coceó un burro** *A donkey kicked me*

ESTRELLA.— *(Sin poder evitar la risa)* ¡Qué bárbaro!

JUAN.— Es que me gustaba mirarle. A ése sí que le jodían las moscas... Movía las orejas como un condenado. Ahí es donde yo aprendí. ¿Te acuerdas? *(Simpático)* Mírame, esto te encantaba de pequeña.

5 *Juan se concentra y mueve las orejas.*

ESTRELLA.— ¡Uy, cómo las mueves! *(Se ríe)* ¡Si parece que vas a echar a[144] volar!

JUAN.— ¿Y esto qué te parece? *(Comienza a poner caras diferentes a cada cual más fea. Estrella se ríe)* Mira ésta. ¿Y ésta qué? ¿Y ésta?

10 ESTRELLA.— *(Que parece una niña)* Qué feo...

JUAN.— Pues mira ésta.

ESTRELLA.— *(Gozando)* Ay... qué cara... ¡Qué horror!

JUAN.— ¿Ves cómo te gusta? Te ríes... Soy papá, el hombre más feo del mundo. Papá tonto. Papá oso. *(Comienza a hablar imitando*
15 *la voz del oso Yogui)* Oye, Bubu, vamos a raptar a esta niña traviesa y llevarla a la caseta del guardia...[145] *(Imitando a Bubu)* ¿Qué dices, Yogui? *(Imitando a Yogui)* Que sí, que esta niña de pelo rojo me está hinchando las narices...[146] Mírala, se está riendo de mí... Se está riendo de mí...

20 *Juan persigue a Estrella que corre divertida para que no la pille.[147] El camarero, que ha entrado, observa la escena perplejo. Juan y Estrella de pronto se dan cuenta de que está el camarero y se quedan parados en seco.*

CAMARERO.— ¿Ustedes me están tomando el pelo[148] o qué? ¿No
25 se pueden ir a la calle a hacer payasadas?[149]

JUAN.— *(Con voz de oso)* Mira, niñita, qué perro más tonto se ha perdido en el parque.

CAMARERO.— ¡Te voy a dar una hostia... ![150]

---

144 **echar a** *to start to*
145 **caseta del guardia** *guard's booth*
146 **hinchando las narices** *getting on my nerves*
147 **no la pille** *he wouldn't catch her*
148 **tomando el pelo** *making fun of*
149 **hacer payasadas** *to fool around*
150 **dar una hostia** *to smack someone across the face (vulgar)*

JUAN.— *(Siguiendo el juego)* Oh, no es posible. Eres un chihuahua enano y te puedo aplastar con mi pataza.[151] *(Hace el gruñido de un oso)*

CAMARERO.— Estás muy envalentonado[152] tú delante de esta señora. No sé quien será pero...

JUAN.— Díselo, señora.

El camarero mira a Estrella, ésta le pega un sonoro ladrido. El camarero alucina.[153] Juan y Estrella se colocan frente a él y le gruñen y le ladran[154] cada vez con más fuerza. El camarero hace un gesto de desprecio total y sale. Estrella aplaude. Lo celebran.

JUAN.— Ahora dame la mano.

ESTRELLA.— *(Rompiendo el juego)* ¿Para qué?

JUAN.— Vamos, que te voy a hacer un juego de magia.

ESTRELLA.— *(Asustada)* Eso no.

JUAN.— No seas tonta. *(Extiende su mano)* Vamos, que no te la voy a cortar.

Estrella extiende su mano, Juan va a cogérsela y Estrella la retira.

ESTRELLA.— No. No puedo. No puedo tocarte.

JUAN.— *(Después de un momento)* Ah, te doy asco.[155] Lo había olvidado.

ESTRELLA.— No, no sé lo que es pero...

JUAN.— *(Abatido)* Puedo ir a lavarme las manos.

ESTRELLA.— No. No.

JUAN.— Si yo estoy limpio. Me lavo las manos todas las mañanas y me echo colonia. ¿No me crees? Soy un viejo idiota pero voy limpio.

ESTRELLA.— Claro, ya lo sé.

---

151 **pataza** *big paw*
152 **envalentonado** *emboldened*
153 **alucina** *is amazed*
154 **le gruñen y le ladran** *they growl and bark at him*
155 **te doy asco** *I make you sick.*

JUAN.— El tabaco, el alcohol y el tiempo ensucian.[156] Ensucian por dentro y por fuera. *(Se frota los dedos amarillentos*[157]*)* ¿Ves? No se quita. Está dentro de la piel.

ESTRELLA.— No digas eso. No me das asco. Pero... es que no estoy acostumbrada. El... tú... él nunca me tocó.

JUAN.— No es cierto. Lo que pasa es que ya no te acuerdas.

ESTRELLA.— No, no me acuerdo.

JUAN.— *(Acercándose a ella)* Yo te cogía las manos y tú...

ESTRELLA.— *(Con horror)* ¡No te acerques! ¡No me toques! ¡No soporto que me toquen los borrachos!

Juan se queda petrificado. Estrella también. Se miran en silencio.

JUAN.— *(Decidido)* Espérame, ahora vuelvo.

Se dirige a los lavabos del bar. Estrella no sabe qué hacer. Automáticamente camina hacia la máquina tragaperras. Entra Ramón sonriente y relajado.

RAMÓN.— ¿Dónde está su... papá?

ESTRELLA.— ¿Qué quiere?

RAMÓN.— Hablar con él.

ESTRELLA.— ¿Va a devolverle su dinero?

RAMÓN.— ¿Dónde está?

ESTRELLA.— Está en el servicio,[158] pero puede darme el dinero a mí.

RAMÓN.— Cuando vuelva dígale que entre un momento.

ESTRELLA.— ¿Que entre a qué?

RAMÓN.— Eso no es cosa tuya, guapa.

ESTRELLA.— Devuélvame el dinero que le ha sacado. Es usted un indecente. Se aprovecha de él porque es mayor y...

RAMÓN.— ¿Y usted qué? ¿Eh?

---

156 **ensucian** *get (you) dirty*
157 **se frota los dedos amarillentos** *he rubs his yellowed fingers together*
158 **servicio** *restroom*

ESTRELLA.— ¿Qué insinúa?

RAMÓN.— Vamos, ¿te crees que me chupo el dedo?[159] Ese no es tu padre.

ESTRELLA.— Sí que lo es.

RAMÓN.— Ya, ¿y qué, habéis salido a tomar unas copas juntos?

ESTRELLA.— Lo que hagamos mi padre y yo a usted no le importa.

RAMÓN.— ¿Así que tú también sabes cuando cobra la pensión?

ESTRELLA.— ¿Qué está diciendo?

RAMÓN.— Este no es un sitio para mujeres decentes.

ESTRELLA.— *(Con desprecio)* Desde luego. *(Le da la espalda)*

RAMÓN.— *(Acercándose a ella en exceso)* Es usted demasiado guapa para caer tan bajo. *(Le agarra por la cintura)*

ESTRELLA.— *(Se vuelve para darle una bofetada[160])* ¡Y usted es un cerdo!

RAMÓN.— *(Sujetándola por las muñecas[161])* Estás loca...

ESTRELLA.— *(Intentando soltarse[162])* ¡Devuélvale su dinero! ¡Devuélvaselo, cerdo!

RAMÓN.— ¡Quieta...!

ESTRELLA.— ¡Borracho...! ¡Degenerado...!

Ramón empuja a Estrella hacia atrás y después le tira unos billetes.

RAMÓN.— Toma. Dile al... viejo que puede pasar a jugar.

Ramón sale. Estrella recoge los billetes y los pone encima de la mesa. Toma la botella de whisky y se sirve un poco en la taza. Está aturdida. Entra Juan. Viene lavado y repeinado. Estrella le mira y sonríe.

JUAN.— ¿Cómo me ves?

ESTRELLA.— Estás... muy guapo.

---

159 **me chupo el dedo** *I'm a fool. I was born yesterday*
160 **bofetada** *slap in the face*
161 **muñecas** *wrists*
162 **soltarse** *trying to break free*

JUAN.— Me he lavado la cara y las manos con jabón. Estoy... nuevo.

ESTRELLA.— Sí. *(Le da los billetes)* Toma, los trajo ese hombre para ti.

5 JUAN.— Ah, Ramón. ¡Qué suerte, se ha recuperado! Un gran amigo...

ESTRELLA.— *(Con temor)* Dice que puedes pasar a jugar.

JUAN.— *(Contento)* ¿Sí? *(Mira hacia la sala de juego, después mira a Estrella)* No, ahora no voy a pasar. Primero voy a hacer una
10 magia para ti. *(Pausa)* ¿Me das la mano?

Estrella le mira asustada.

JUAN.— Es muy fácil, pequeña, apenas rozaré tu piel...[163] Dame la mano.

ESTRELLA.— *(Moviendo lentamente sus manos que tiemblan)*
15 ¿Cómo?

JUAN.— *(Saca una bolita[164] roja de su bolsillo)* Mira, siempre la llevo en el bolsillo para jugar con los niños de mi calle. Ellos son simpáticos y se divierten conmigo. Me buscan los trucos y me meten las manos en las mangas y en los bolsillos... Nunca encuentran la
20 bolita pero siempre hay una moneda o un caramelo... Me gustan los críos[165] porque no se preguntan quién demonios soy. Me gusta aunque sé que cogen el caramelo y se van. *(Coloca la bola roja sobre la mesa)* Cógela y colócala sobre mi mano. *(Estrella, con lentitud, lo hace)* Ahora yo la cierro y tú echas unos polvos mágicos. *(Estrella,
25 tímidamente, hace el gesto)* Así, muy bien. Ahora di: "Bola de ilusión, pasa de su mano a mi corazón".

ESTRELLA.— Bola de ilusión, pasa de su mano a mi corazón.

JUAN.— ¡Ta, ta, ta, chan... ! *(Abre la mano)* ¡La bolita ha desaparecido!

30 ESTRELLA.— ¿Dónde está?

JUAN.— Ah, no lo sé. Búscala.

---

163 **apenas rozaré tu piel** *I'll barely touch your skin*
164 **bolita** *tiny ball*
165 **críos** *little kids*

ESTRELLA.— Está en tu bolsillo.

JUAN.— *(Sacándose los bolsillos)* No.

ESTRELLA.— En la manga de la camisa.

JUAN.— *(Subiéndose las mangas)* No, señorita, no está. Dame ahora tu mano. *(Con profunda autoridad)* Dámela. *(Estrella extiende su mano. Juan muestra la suya vacía)* Mira, no hay nada.

Juan coloca su mano encima de la de Estrella y comienza a tocársela con mucho cuidado. Es un momento largo y tenso. Estrella cierra los ojos impresionada.

JUAN.— ¿Ves que fácil? *(Con mucha delicadeza)* Se frota por aquí. Se frota por allá... Cierra la mano. *(Estrella lo hace. Juan sigue tocándole la mano cerrada)* Y se dice: "Bola perdida pasa a la mano hermosa de mi niñita". ¡Ta, ta, ta, chan... ! Abre la mano. *(La bola está en la mano de Estrella)*

ESTRELLA.— *(Fascinada como una niña)* ¿Cómo lo has hecho?

JUAN.— Ah, cosa de magos.

ESTRELLA.— Qué mano más suave...[166]

JUAN.— Y ahora la bolita roja se convertirá...

ESTRELLA.— *(Interrumpiéndole)* Dámela. Dame la mano otra vez. *(Estrella coge la mano de Juan y le toca los dedos con ternura. Después acerca la mano de Juan a su cara)* Es suave. Es muy suave... Es buena y tiembla...

JUAN.— *(Retirando la mano)* ¡Y ahora el mago tonto va a sacar un pájaro de la cabecita de su niña. De la cabeza con el pelo más rebelde del mundo!

ESTRELLA.— No.

JUAN.— ¿No quieres que te saque los pájaros? *(Estrella niega)* Pues... un pañuelo blanco como una paloma.

ESTRELLA.— No.

JUAN.— *(Nervioso)* A ver... A ver... Una servilleta de muchos colores...

ESTRELLA.— No.

---

[166] **suave** *soft*

JUAN.— Un peine roto...

ESTRELLA.— No.

JUAN.— *(Más nervioso)* ¿Un billete grande de miles de pesetas? *(Estrella niega con la cabeza)* Entonces, ¿qué quiere la muchachita?

5 ESTRELLA.— *(Mirándole a los ojos)* Quiero que me acaricies. Acaríciame.

Juan, después de un momento, comienza a acariciar el pelo de Estrella. Está emocionado. Estrella esconde la cabeza entre sus manos.

JUAN.— Quiero decirte... Me gustaría que supieras...

10 ESTRELLA.— Chist... No digas nada. Acaríciame.

Juan la sigue acariciando con mucha ternura.

ESTRELLA.— Dime sólo lo que sientes.

JUAN.— Pues... no sé. No sé explicarlo...

ESTRELLA.— ¿Te gusta?

15 JUAN.— Sí, mucho. Me siento...

ESTRELLA.— ¿Qué sientes, papá?

JUAN.— Me siento... persona.

ESTRELLA.— *(Besándole las manos)* Eres... una persona importante. Eres bueno. Eres un hombre bueno...

20 JUAN.— Soy un tarado mental,[167] niña. Un tarado que se ha pasado la vida perdido en... un sitio muy pequeño. Sin poder moverse de ahí. Parado como todos los cobardes... Yo... yo quiero pedirte perdón.

ESTRELLA.— *(Con una fuerza infinita)* Sí, te perdono. Te perdono.

JUAN.— Me gusta oír eso. Es la primera vez que alguien me dice...
25 te perdono.

ESTRELLA.— Pobrecito... pobrecito... *(Le abraza y le acaricia como si fuera un niño)* Tan pequeño... tan solito... Pobrecito mío... Mi papá Rafael, Rafita, Rafaelito...

*Juan, al oír ese nombre, se separa de Estrella conmocionado. Al
30 momento reacciona con energía.*

---

[167] **tarado mental** *idiot*

JUAN.— Rafael. ¡Rafael Torres! Es muy duro el fracaso,[168] Estrella, algunos no pueden resistirlo y se mueren.

ESTRELLA.— Pero tú no. Tú no te vas a morir nunca.

JUAN.— Rafael Torres, tu padre, no pudo con él. Yo le he visto temblar. Darse golpes contra una pared...

ESTRELLA.— *(Confusa)* ¿Qué? ¿Qué dices?

JUAN.— Que yo he visto a tu padre llorar...

ESTRELLA.— ¿A... a mi padre? ¿Por qué?

JUAN.— Porque, Estrellita, su hija, le había llamado cabrón.

Estrella se lleva las manos al vientre[169] como si hubiera recibido un impacto.

JUAN.— Torres era un hombre débil y equivocado pero... tenía corazón. Un corazón encogido[170] y lleno de... penas. *(Sacando la voz)* Y tenía un amigo: Juan Domínguez y... y la cabeza rota.

ESTRELLA.— Pobrecito...

JUAN.— Le engañó la vida mentirosa. La vida nos la jugó.[171] Pero tú eres joven y todavía puedes triunfar, ser feliz, ¿me oyes? Tu padre quiso triunfar pero sabía que era imposible, desde muy pronto le fue imposible. Luego se quedó sin tiempo, el hígado le traicionó.[172] Siguió bebiendo porque sin hígado y sin triunfo se pierde toda la voluntad...

ESTRELLA.— Pobrecito mío...

JUAN.— Yo le he visto darse golpes contra una pared porque Estrellita, su niña, le había llamado cabrón.

ESTRELLA.— ¡Ya me lo has dicho! Es verdad. Me hacía daño. No estaba nunca y... yo me sentía culpable de tener un padre así. ¡Y yo no soy culpable! Yo no tengo la culpa de ningún golpe, de ningún

---

168 **fracaso** *failure*
169 **vientre** *abdomen*
170 **encogido** *troubled*
171 **la vida nos la jugó** *life played tricks on us*
172 **el hígado le traicionó** *his liver betrayed him*

hígado enfermo. Ni de los burros, ni de la mierda, ni del whisky... *(En un grito desgarrado[173])* ¡Yo no soy culpable! *(Rompe a llorar)*

JUAN.— Claro que no, tonta, claro que no. Tú eres sólo una estrella brillante que ha salido esta noche... *(Abriendo sus brazos)* Una estrellita pequeña que me ha dado su luz. *(Estrella le abraza. Entra Ramón y les sorprende abrazados)*

RAMÓN.— Joder con el viejo, y parecía tonto...

Juan y Estrella no le miran.

RAMÓN.— *(Haciéndose notar)* Pastor se va. ¿Quieres echar la última?

ESTRELLA.— Nosotros también nos vamos.

RAMÓN.— Ya.

ESTRELLA.— Se marcha y no va a volver por aquí.

RAMÓN.— Está bien... *(Se da la vuelta para irse)*

JUAN.— ¡Ramón! *(Ramón se vuelve)* ¿Cómo va la cosa?

RAMÓN.— *(Asiente con la cabeza. Saca unos billetes)* Toma, estamos en paz.

JUAN.— Ahora voy.

RAMÓN.— Date prisa. *(Sale)*

ESTRELLA.— *(Incrédula)* ¿Vas a entrar ahí?

JUAN.— Sí, tengo un compromiso[174] con este amigo.

ESTRELLA.— ¿Compromiso? ¿Amigo? Ese no es tu amigo, ese hombre te utiliza...

JUAN.— Calla, tú no puedes comprenderlo pero Ramón es un amigo.

ESTRELLA.— Ese hombre es un chulo[175] y esto es un... antro infecto.[176] Vámonos de aquí.

---

173 **desgarrado** *heartrending*
174 **compromiso** *commitment*
175 **chulo** *cocky guy*
176 **antro infecto** *sleazy dive*

JUAN.— No puedo, Estrella, me necesitan para continuar la partida, ¿no lo comprendes?

ESTRELLA.— Tienes que dejar esto. No entres, por favor. Vámonos de aquí.

JUAN.— *(Con mucha calma)* ¿Vámonos? ¿A dónde?

ESTRELLA.— A... A... *(No encuentra respuesta. Se queda callada. Comienza a asentir con la cabeza en un acto de reconocimiento, de aceptación. Sonríe y mira a Juan)*

JUAN.— Vete tú, Estrella. Y no se te ocurra volver por aquí. *(Estrella asiente. En su cara hay una expresión dulce y relajada.)* No se te ocurra volver por aquí. ¿Me has entendido?

ESTRELLA.— *(Rotunda y transformada)* Sí.

Entra Ramón con el camarero.

RAMÓN.— ¿Entras o no, Domínguez?

JUAN.— Sí, un momento. *(Estrella recoge sus cosas y se dirige hacia la sala de juego)* ¿Adónde vas?

ESTRELLA.— Esa puerta está cerrada.

JUAN.— Pues se abre. *(Al camarero)* Abre la puerta, muchacho.

CAMARERO.— Que salga por la otra.

JUAN.— Ella sale por aquí aunque sea lo último que haga yo en mi vida.

ESTRELLA.— Déjalo, qué más da.

JUAN.— Chist... Tú siempre por la puerta de delante y con la cabeza bien alta, ¿entendido? *(Estrella asiente con felicidad)* ¿Qué he dicho?

ESTRELLA.— Que yo siempre por la puerta de delante y con la cabeza bien alta.

JUAN.— *(al camarero)* Dame las llaves.

RAMÓN.— Dale las llaves, coño, que nos están esperando.

El Camarero se dirige a abrir. Juan le para extendiéndole la mano.

JUAN.— No te necesito. Todavía tengo fuerzas para abrirla yo.

El camarero le tira las llaves. Juan las coge y, sacando fuerzas de no se sabe dónde, levanta el cierre metálico.

JUAN.— *(A Estrella cediéndole el paso)* Adiós.

Estrella va a salir. De pronto se vuelve.

ESTRELLA.— *(En voz alta y firme)* Padre...

JUAN.— ¿Eh?

5 ESTRELLA.— Papá, te quiero.

Juan no sabe qué decir, mira a los hombres.

JUAN.— Ya lo sé, tonta. Ya lo sé.

ESTRELLA.— *(A los hombres)* Buenas noches. Muy buenas noches a todos. *(Sale)*

10 *Juan Domínguez echa el cierre de la puerta con una fuerza sorprendente. Ramón y el camarero se miran.*

JUAN.— *(A Ramón)* Una estrella... Una estrella brillante es mi Martita. ¿Verdad, Ramón? *(Ramón se encoge de hombros sin salir de su perplejidad. Juan al camarero)* ¡Whisky, muchacho, whisky para
15 todos! ¡Esta noche invito yo!

Ramón entra en la sala. Detrás, tambaleándose, le sigue Juan Domínguez. Se va haciendo el oscuro.

FIN

ENTREACTO: Comprensión

A. Escenario: el interior del bar. La mayor parte de estos elementos forman parte de la escena. Marca los que son visibles, los que se ven con la imaginación y los que no se mencionan. (pp. 85-87)

	visible	invisible	no se menciona
1. escritora famosa			
2. camarero			
3. taburetes			
4. baraja de cartas			
5. jarra de cerveza			
6. máquina tragaperras			
7. taza de café			
8. jugadores de póquer			
9. barra con copas			
10. sala de juego			
11. cuaderno			
12. máquina de discos			

B. El camarero y Estrella. Completa las oraciones con la información apropiada. (pp. 85-92)

1. Estrella Torres es una mujer ___.
2. El camarero dice que van a cerrar el bar porque quiere que Estrella ___.
3. Estrella le dice que ella no es ni policía ni periodista sino ___.
4. Juan Domínguez es un hombre ___.
5. En este momento Juan está ___, y por eso camina con dificultad.
6. Juan reconoce a Estrella porque ___.
7. Estrella opina que los borrachos son ___.

8. Cuando el camarero ve que Domínguez enoja a Estrella, trata de ___.
9. Cuando Domínguez le dice a Estrella que era amigo íntimo de su padre, ella reacciona ___.

C. **Los motivos de Estrella.** (pp. 85-92)
1. Según Estrella, ¿por qué ha venido al bar?
2. ¿Qué otras razones tendrá Estrella para quedarse en el bar?
3. Cuando el camarero intenta echar a Domínguez del bar, ¿qué hace Estrella y por qué?

D. **Ramón/Juan/Estrella.** Completa la oración con la frase correcta. (pp. 92-102)
1. Ramón viene y quiere que Juan...
   a. entre en el cuarto a jugar al póquer.
   b. lo invite a tomar una copa.
   c. le preste dinero para que pueda seguir jugando al póquer.
2. Según Juan Domínguez, el padre de Estrella la consideraba a ella más... que sus tres hermanos.
   a. inteligente
   b. obediente
   c. cariñosa
3. Juan cree que Torres era...
   a. muy generoso.
   b. buen jugador de cartas.
   c. su íntimo amigo.
   d. a, b, y c.
4. Juan tutea a Estrella e insiste en que ella haga lo mismo porque...
   a. son de la misma edad.
   b. era un amigo íntimo de su padre.
   c. la trata como a una niña.
5. Estrella recuerda a su padre como...
   a. una persona que le pegaba con frecuencia.
   b. un alcohólico que no se interesaba por su familia.
   c. un padre cariñoso.
6. A Juan le duele que Estrella hable mal...
   a. de su padre.
   b. del camarero.
   c. de los jugadores de póquer.
7. Estrella se sorprende cuando Juan...
   a. le ofrece un cigarrillo rubio.
   b. la critica.
   c. le dice que ha leído su novela.
8. Según Juan, Torres quería que sus hijos...
   a. fueran como él.
   b. tuvieran una carrera.
   c. jugaran a las cartas con él.

9. Cuando Estrella compra la botella de whisky, Juan le dice que ella es...
   a. tan generosa como su padre.
   b. adicta al alcohol.
   c. una mujer desesperada.

E. **Dos puntos de vista.** Juan y Estrella tienen recuerdos muy diferentes de Rafael Torres. ¿Cómo era el padre de Estrella según los dos personajes? (pp. 92-102)

Rafael Torres era...	según Juan	según Estrella
buena persona		
generoso		
degenerado		
padre que quería a sus hijos		
esposo irresponsable		
padre orgulloso de su hija		
fracasado en la vida		
gran jugador de póquer		
inteligente		
padre ausente		

F. **La familia Torres.**
   1. ¿Qué quiere Estrella que le diga Juan Domínguez?
   2. Explica cómo y cuándo Juan conoció a Estrella y a su madre.
   3. ¿Cómo reacciona Estrella al oír esta historia? ¿Qué empieza a hacer ahora? ¿Por qué?

G. **¿Quién lo hace?** Escribe el nombre del personaje que...
   1. presta dinero. _____
   2. quiere irse del bar. _____
   3. recuerda su infancia. _____
   4. miente. _____
   5. habla de la guerra. _____
   6. pide un favor. _____
   7. bebe whisky. _____
   8. se enoja. _____
   9. entra y se va. _____

H. **Estrella y Juan.** Indica si las siguientes oraciones son ciertas (C) o falsas (F) y corrige las que sean falsas. (pp. 104-115)
   1. ___ Al padre de Estrella le gustaban los boleros.
   2. ___ Estrella está enamorada del padre de su hijo.
   3. ___ Juan se considera una persona vieja y piensa que Estrella también lo es.

ENTREACTO: Comprensión *(Una estrella)*

    4. ___ Estrella se siente desilusionada con los hombres que ha conocido.
    5. ___ Juan vive con su mujer y sus tres hijos.
    6. ___ Ramón necesita dinero para seguir jugando al póquer.
    7. ___ Juan quiere que los jugadores lo vean con Estrella y ella acepta.
    8. ___ Juan hace el papel de Rafael Torres cuando habla de la madre de Estrella.
    9. ___ Estrella critica tanto a su padre como a su madre.
    10. ___ El padre de Juan insultaba y golpeaba a su hijo.

I. Un pasado herido. Explica con tus palabras el significado de las siguientes citas. (pp. 104-115)
    1. "Ninguno pudo quitarme el papel de plata y el bombón se puso rancio". (Estrella)
    2. "Ella les transmitió la enfermedad Juan Domínguez". (Juan)
    3. "La cabeza rota, los plomos fundidos". (Juan)
    4. "Tú me torturaste de una manera más sutil". (Estrella)
    5. "A los doce años me trajo a Madrid y me dejó tirado". (Juan)

J. El juego del oso Yogui. Explica cómo comienza y termina este juego entre Estrella y Juan Domínguez, completando las siguientes oraciones. (pp. 114-115)
    1. Cuando Juan Domínguez empieza a jugar, Estrella...
        a. se pone nerviosa.
        b. participa y se divierte como una niña.
        c. no entiende lo que pasa.
    2. Cuando el camarero entra y ve jugar a Estrella y a Juan...
        a. se enfada y los amenaza.
        b. les pregunta qué están haciendo.
        c. empieza a jugar con ellos.
    3. Estrella y Juan Domínguez deciden entonces...
        a. dejar de jugar.
        b. cambiar de juego.
        c. seguir jugando hasta que el camarero se vaya.

K. Un nuevo juego. Escoge la opción que describe lo que ocurre entre Estrella y Juan cuando éste comienza otro juego. (pp. 115-116)
    1. Primero, Juan le pide a Estrella que...
        a. le diga una palabra mágica.
        b. lo ayude a recordar el juego.
        c. le dé la mano.
    2. Estrella reacciona...
        a. apartando su mano.
        b. mirando la mano de Juan.
        c. quedándose callada.

ENTREACTO: Comprensión *(Una estrella)* 129

   3. Cuando Juan insiste que tiene las manos limpias, Estrella...
      a. se enoja.
      b. se acerca a Juan.
      c. trata de explicar por qué no quiere que la toque.

L. **Estrella y Ramón.** Indica si las oraciones a continuación son ciertas (C) o falsas (F) y corrige las que sean falsas. (pp. 118-119)
   1. Ramón entra para despedirse de Estrella.
   2. Ramón le insinúa a Estrella que ella se aprovecha del dinero de Juan.
   3. Estrella le pide a Ramón que le devuelva el dinero de Juan.

M. **La bolita roja.** Explica con tus palabras el juego mágico. (pp. 118-119)
   1. ¿Qué hace Juan con la bolita roja?
   2. ¿Cómo reacciona Estrella?
   3. ¿Cómo cambia el juego la relación entre Juan y Estrella?

N. **Estrella, Rafael Torres y Juan Domínguez.** Describe el desenlace de la obra contestando las preguntas a continuación. (p. 120)
   1. ¿Por qué llama Estrella "papá" a Juan Domínguez?
   2. ¿Qué siente ahora Estrella hacia su padre?
   3. ¿Cómo reacciona Juan? ¿Qué le cuenta a Estrella de Rafael Torres?
   4. ¿Por qué puerta del bar prefiere Juan que salga Estrella? ¿Por qué?
   5. ¿Cómo espera Juan que se sienta Estrella ahora? ¿Cómo se siente él?

¡ABAJO EL TELÓN! Postlectura

A. **Red de personajes.** Siguiendo el modelo, describe dentro y alrededor de los círculos a Estrella Torres, a Juan Domínguez y a Rafael Torres.

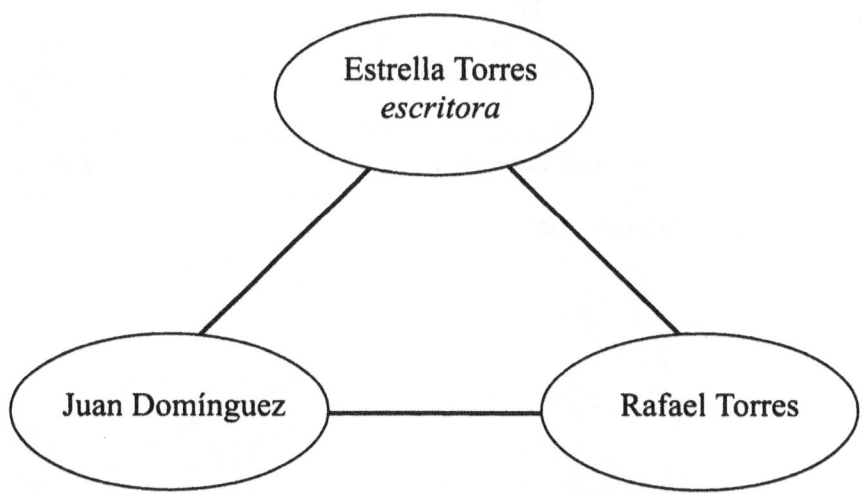

B. **Temas para conversar.** En grupos de tres, contesten las preguntas a continuación.
   1. ¿Qué problemas personales tiene Estrella? ¿Cuáles tiene Juan? ¿Cómo se resuelven al final de la obra?
   2. ¿Cómo cambia la relación entre Juan Domínguez y Estrella a lo largo del drama?
   3. ¿Quién es el personaje ausente de la obra? ¿Por qué es importante?

4. ¿Qué función tienen los personajes secundarios de Ramón y el camarero?
5. En una representación de *Una estrella*, se oirían las voces de los jugadores de póquer. ¿De qué manera forman parte de la acción de la obra? ¿Qué relación(es) hay entre ellos y los personajes del drama?

C. **Una escena soñada.** Anoche soñaste que trabajabas en el bar donde tiene lugar *Una estrella*. Ahora vas a tratar de recordar lo que soñaste escribiendo una escena corta con los siguientes personajes.

1. Estrella y Marta, la hija de Juan Domínguez.
2. Juan Domínguez y Rafael Torres.
3. Juan Domínguez y Marta.
4. Otros personajes de la obra.

D. **Temas para escribir.** Analiza uno de los temas a continuación.

1. Al final de la obra, Estrella hace las paces con su padre, Rafael Torres. Describe la transformación de Estrella y el papel que tiene Juan Domínguez en ese proceso de reconciliación.
2. El desenlace resuelve, por lo general, el conflicto en una pieza dramática. Identifica el conflicto principal en *Una estrella* y explica cómo se resuelve al final de la obra.
3. Señala los momentos de mayor tensión dramática y explica sus causas.
4. Analiza los temas de la identidad y la memoria en *Una estrella* citando ejemplos de la obra.
5. El psicodrama es un tipo de psicoterapia en el que paciente y psicólogo hacen diferentes papeles para resolver un conflicto. Indica en qué partes de *Una estrella* y con qué propósito Paloma Pedrero usa el psicodrama como fórmula dramática.

OTRA SALIDA AL ESCENARIO:
Enlaces

A. Temas y personajes.
1. Hay un refrán que dice "Tal padre, tal hijo" o "De tal palo, tal astilla". ¿De qué modo se puede aplicar a Paula y a Estrella?
2. Compara las búsquedas de Paula y Estrella. ¿Son los dos personajes "hijas olvidadas"? ¿Qué descubren en el proceso de su búsqueda? ¿Crees que se han reconciliado con su pasado? ¿Por qué?
3. Compara y contrasta al padre de Estrella con la madre de Paula.
4. Compara la relación que establecen Juan Domínguez y Abel el Viejo con las protagonistas de las dos obras.

B. Técnicas dramáticas.
1. Analiza la función de los objetos que vemos en el escenario de las dos obras. ¿Qué reacciones provocan el gamulán, la pintura de Paula con su madre y el solideo en los personajes de *paula.doc*? (Esc. 1 y 9) En *Una estrella*, ¿cómo y por qué se usan la máquina de discos con la música de bolero y la máquina tragaperras, etc.? (pp. 102— 104)
2. Toda la acción dramática de *Una estrella* tiene lugar en el interior de un bar por la noche, mientras que en *paula.doc* ocurre dentro y fuera de varios espacios en diferentes momentos del día y la noche. Comenta la relación del espacio con la situación dramática que presenta cada obra.
3. Los personajes en *Una estrella* y *paula.doc* expresan lo que piensan y lo que sienten no sólo con las palabras, sino también con el lenguaje corporal. ¿Qué emociones revelan los gestos y movimientos de los personajes en las dos obras?

MÁS ALLÁ DE LAS CANDILEJAS:
Búsquedas

A. **Cine**

1. ¿Qué ocurrió en Argentina durante y después de la dictadura militar (1976-1983)? Los siguientes documentales y películas te acercarán a la tragedia de sus miles de víctimas. ¿Qué quieren saber sus protagonistas? ¿Qué obstáculos dificultan su búsqueda? ¿Son los mismos que encuentra Paula?
    a. *Botín de guerra*. David Blaustein, 1999.
    b. *Cautiva*. Gastón Birabén, 2003.
    c. *La historia oficial*. Luis Puenzo, 1985.
    d. *Las Madres: The Mothers of Plaza de Mayo*. Lourdes Portillo, 1986.
    e. *Nietos: Identidad y memoria*. Benjamín Ávila, 2004.
2. La amistad, las relaciones familiares y el reencuentro con el pasado son algunos de los temas que aparecen en las películas a continuación. ¿En qué sentido es la búsqueda que realizan sus personajes paralela o diferente a la que hace Estrella?
    a. *El abuelo*. José Luis Garci, 1998.
    b. *Todo sobre mi madre*. Pedro Almodóvar, 1999.
    c. *El sur*. Víctor Erice, 1983.
    d. *Secretos del corazón*. Montxo Armendáriz, 1997.

B. **En la Red**

1. Infórmate a través de la Red sobre la lucha por la verdad y la justicia de las madres, los hijos y las abuelas de los desaparecidos en Argentina.

a. Madres de Plaza de Mayo:
   <http://www.madres.org/asociacion/historia/historia.asp>
b. Abuelas de Plaza de Mayo: <http://www.abuelas.org.ar/>
c. H.I.J.O.S.: <http://www.hijos-capital.com.ar/>
2. Documentos y archivos:
   a. <http://www.clarin.com/suplementos/especiales/2006/03/24/index.html>
   b. <http://www.desaparecidos.org> (información sobre *Nunca más* y lista de desaparecidos)

C. **Bibliografía selecta:** Argentina y los temas de *paula.doc*

Teatro
AA.VV. *Teatro X la identidad: obras de teatro del Ciclo 2001*. Buenos Aires: Abuelas de Plaza de Mayo y Eudeba, 2001.
Bertuccio, Marcelo. *Señora, esposa, niña y joven desde lejos*. Buenos Aires: Eudeba, 1999.
Dorfman, Ariel. *La muerte y la doncella*. Buenos Aires: De la Flor, 1992.
Gambaro, Griselda. "Atando cabos." *Teatro 6*. 2ª ed. Buenos Aires: De la Flor, 2003.

Narrativa
Alarcón, Daniel. *Lost City Radio: A Novel*. New York: Harper, 2007.
---. *Radio Ciudad Perdida*. Trad. Jorge Conejo. Lima: Alfaguara, 2007.
Partnoy, Alicia. *La escuelita: Relatos testimoniales*. Buenos Aires: La Bohemia, 2006.
---. *The Little School: Tales of Disappearance and Survival in Argentina*. 2nd ed. San Francisco: Cleis, 1998.
Strejilevich, Nora, *Una sola muerte numerosa*. Miami: North South Center, 1997.

Testimonio y ensayo
Arditti, Rita. *Searching for Life: The Grandmothers of the Plaza de Mayo and the Disappeared Children of Argentina*. Berkeley: U of California P, 1999.
CONADEP. *Nunca más. Informe de la Comisión Nacional sobre la Desaparición de Personas*. Buenos Aires: Eudeba, 2006.
Heredia, Lourdes. "Ecos del golpe." BBC Mundo. 23 marzo 2001. <http://www.bbcmundo.com>. 10 enero 2007.
Klein, Naomi. "Out of the ordinary." *The Guardian online*. 25 January 2003. 10 Jan. 2007 <http://www.guardian.co.uk/world/>.
Timmerman, Jacobo. *Preso sin nombre, celda sin número*. New York: Random, 1981.
Walsh, Rodolfo. "Carta abierta a la junta militar."
   <http://www.literatura.org/Walsh/rw240377.html>.

D. Bibliografía selecta: Paloma Pedrero

Teatro

Pedrero, Paloma. *Juego de noches. Nueve obras en un acto.* Ed. Virtudes Serrano. Madrid: Cátedra, 1999.

---. *Locas de amar.* Madrid: Fundación Autor, 1997.

---. "Los ojos de la noche." *Estreno* 32.1 (2006): 12-23.

---. "Yo no quiero ir al cielo (Juicio a una dramaturga)." *Teatro breve entre dos siglos.* Ed. Virtudes Serrano. Madrid: Cátedra, 2002. 315-329.

---. *Beso a beso.* Ciudad Real: Ñaque, 2005.

Estudios y artículos

AA.VV. "Homenaje a Paloma Pedrero. Veinte años de producción teatral." *Estreno* 32.1 (2006): 2-71.

Podol, Peter L. "The Father-Daughter Relationship in Recent Spanish Plays: A Manifestation of Feminism." *Hispanic Journal* 17 (1996): 7-15.

Serrano, Virtudes. Introducción. Pedrero, *Juego de noches* 11-58.

Zatlin, Phyllis. "From Night Games to Postmodern Satire: The Theatre of Paloma Pedrero." *Hispania* 84 (2001): 167-78.

GLOSARIO: español—inglés

abatido saddened, depressed
abrumado flustered, put out
acariciar to caress, stroke
achuchado: estar __ to be shivering
acobardado intimidated, unnerved
acongojado upset, distressed
acotaciones: __ escénicas stage directions
acuoso watery
ademán *m.* gesture
afanar to rob, rip off
aflojar(se) to weaken, loosen up
agarrar to grab; **__ se la mano con la puerta** to catch one's hand in the door
ahogo: con __ gasping, out of breath
ahondar to go deeper (in the discussion)
ajado wrinkled
alcanzar: con eso me alcanza that's enough for me
alforzas pleats
aliento breath
altanero haughty
alterado upset
alucinar to be stunned
amagar: __ a salir to make for the door (to leave)
amanecer: está amaneciendo the sun is rising, it is daybreak
amargura bitterness
amarillento yellowed
ámbito place, area
amenazar to threaten
americana jacket
amparar to help, to protect
ancho: __ de espadas a Tarot card
andén *m.* station platform
ángelus *m.* time for the prayer "Angelus Dómini"
antro dive, sleazy place
apaciguarse to calm down
aparentar: __ menos edad to seem younger than one is
apenas: __ pudo as soon as she could
apestar to reek
apiadar to pity
apolillado moth-eaten
apoyarse en to lean on

apurado: estar __ to be in a hurry
apurarse to hurry
arañazo scratch
arcada: dar una __ to heave, to retch
arrancar to pull something off or out
arrastrar to drag
arremeter to attack
arrepentirse: __ (de idea) to change one's mind
arrojar to throw
arruga wrinkle
asamblea meeting
ascender to move up
asco: dar__ to make someone sick
asomar to come out
asomarse: __ a la puerta to lean out, look out (the door)
aspecto: __ aniñado babyfaced
asqueado nauseated
atinar: __ a agarrar to manage to get hold of
atisbo glimpse
atravesar: __ con la mirada to look through (someone)
aturdido flustered, confused
aullido: pegar un __ to let out a howl
avergonzado embarrassed, ashamed
avergonzarse to be ashamed
averiguar to find out
avivarse to wise up to the fact
azorado disturbed
baba slobber, drool
bancar: bancárselo put up with, deal with something or someone
bandeja tray
baquiano guide
barra bar counter
barriga belly, stomach
barrilete *m.* kite

barro mud
blanca: sin __ broke
bobada foolish thing
bocado bite
bofetada a slap across the face
bola: darle __ to listen (to someone); **no hacer __** not to give someone the time of day
bolazo big fib
bolero Spanish dance music
boliche *m.* bar
bombón *m.* cutie-pie, sweetie
boquilla filter tip (of cigarette)
borroso blurred, indistinct
botiquín *m.* small cabinet
bozal *m.* muzzle
bronca: con __ in a bad mood, with anger
buchón tattletale
buitre *m.* vulture
cabizbajo with head bowed
cabrón bastard *(vulg.)*
cachete *m.* slap
cagado: __ hasta las patas scared to death *(vulg.)*
cagón wimp *(vulg.)*
cajetilla pack of cigarettes
cambiar: __ de parecer to change one's mind change
campera jacket
cana cops
canalla *m.* bastard
candado lock
candilejas footlights
cansinamente wearily
cantero flowerbed
caño: __ cromado chrome tubing
carácter *m.* temper; temperament
carbonilla: a la__ in charcoal (work of art)
carné de identidad identity card (ID)
carretilla wheelbarrow
carroña carrion, decaying flesh
cartera handbag, purse

carterista *m.* pickpocket
caseta booth
catre *m.* cot
ceca: cara o __ black or white, (literally: heads or tails)
ceder to give in
cera wax
charco puddle
chinchudo grouchy
chiripá: __ portapañal diaper pants
chispeante flashing, sparkling
chistar: sin __ without another word
chocho delighted
chúcaro rebellious, wild
chulería: con __ threateningly
chulo cocky guy
chuparse: __ el dedo to be born yesterday, to be a fool
cicatriz *f.* scar
cierre: echar el __ to bolt the door
cinto belt
cintura waist
cocear to kick
cola ponytail, tail
colarse to get in without paying
colchón mattress
colectivo bus
colgar to hang
colocar to place, to put
comisaría police station
cómplice conspiratorial
compromiso commitment
compungido remorseful
concejo: __ escolar school board
confitura sweet
congoja anguish, distress, sorrow
conmocionado shaken
conmoverse to be moved
contable accountant
contenidamente with control
contundente forceful
coño hell! *(vulg.)*

copa drink, glass
cortar: __ la partida to stop the game
corte: __ de manga *m.* (gesture of) giving the finger
costados: mirar para los __ to look from side to side
criar to raise (a child)
criatura baby
crío kid
crudo: color __ off white
cuadra block, street
cubata rum and coke
cuerina imitation leather
cuete: estar al __ to kill time
cura *m.* priest
daño: hacer __ to hurt
dar: __ palmaditas en el hombro to pat on the shoulder; **no__ un duro por alguien** not to care about someone; **__ una hostia** to smack someone in the face *(vulg.)*; **darle: __ la lata a alguien** to be a pest, to bother someone; **no__ pelota a alguien** to ignore someone; **__ vueltas** to go on about something; **darse: __ por respondida** consider oneself satisfied
decepcionado disappointed, regretful
decorado stage set
dejar: __ tirado a alguien to throw someone out on his/her own
demacrado haggard, drawn
denigrado disreputable, humiliated
denunciar to file a police report
desafiante defiant
desaliñado unkempt
descalificación: gesto de __ discrediting gesture
descaradamente shamelessly

deschavar to report someone to the police
descolgar: __ el cuadro to take down the painting
descompuesto sick, queasy, having an upset stomach
desconfiado mistrustful
desconfianza mistrust
descosido ripped
descuidado unkempt
desencajado shaken, distraught
desentendido: hacerse el __ to pretend not to understand
desesperado desperate
desgarrado heartbreaking
desgraciado loser, wretch, unfortunate
desgreñado: cabello __ disheveled hair
desmayarse to faint
desparramado scattered
despegarse de to separate from
despojado bare, stripped
despreciable despicable
despreciar to disdain
desprender to give off
desprolijo messy
desquiciado crazy, distraught
destrozado destroyed
detenimiento: con __ carefully
diapositiva photographic slide
digna worthy
discutir to argue, to discuss
disimular to hide one's feelings
dolido hurt
dormilón sleepyhead
ebrio drunk
echar: __ a to start to; **__ broncas a** to go off (on someone), to get mad
embarazada pregnant
embarullar to confuse
embromar to hurt someone
empapado wet

empeñarse en to be determined to, to insist on
empresa firm, company
empuñar to brandish
enajenado deranged, crazy
enano midget
encamotarse to fall in love
encapuchado with the head and face covered, hooded
enchapada: madera __ veneered wood
encogerse: __ de hombros to shrug one's shoulders; **__ le a uno el corazón** to feel intimidated
encogido troubled, fearful
enganchar to catch
engañar to deceive, to fool
enrojecido reddened
enseguida right away
ensimismamiento deep thought, absorption
ensombrecerse to darken, to become grave
ensuciar to get dirty
enterarse to find out about something, to hear the news
entreacto intermission
entreturno break, time off
envalentonado emboldened, encouraged
esbelto slim
escalofríos chills
escaso little, scarcely any
escatimar to skimp, to hold back
escena: a __ on stage
escenario stage
escudriñar to scrutinize; **mirada escudriñadora** piercing look
espanto fright, horror
espantoso horrible, terrible
espeluznado horrified
espionaje espionage
estallar en to burst into
estatuilla a small statue
esterilla wicker

estrenarse to have its premiere (first) performance, to open
estropear to break, wreck
estupor astonishment, shock
exabrupto: al borde del __ about to explode, extremely upset
exaltado overexcited, full of emotion
extrañado surprised
extrañar to long for, to miss a person or thing
facha look, appearance
fallar to fail
farfullar to mutter
farolito small lantern
fastidiado annoyed
ferroviario railway worker
fichero index card box
figurar: __ una licencia to make up a leave form
finado deceased
flor: __ de pedido a huge request
fracaso failure
frazada blanket
frotar(se) to rub
fuera: __ de sí beside oneself
fulminar to kill, to zap
funda pillowcase
gacha: la cabeza __ with one's head bowed
gamulán *m.* sheepskin jacket
gana: de mala __ reluctantly
garabato scribble
gasita bandaid
gil: usted me ve cara de __ Do I look like a jerk? *(vulg.)*
gilipollas *m/f.* jerk *(vulg.)*
ginebrita gin
girar to turn
gracia: causar__ to amuse (someone)
grado grade (in school)
gremio union
griterío shouting, screaming
grito scream
grueso thick
gruñido grunt
gruñir to growl, to grunt
guacho pig, despicable person
guardapolvo robe
guita dough (money)
guiñar to wink
haca: ni __ les digo I say nothing
hacer: __ cagar a alguien to make someone confess; **__ caso omiso** to ignore someone or something; **hacerse: __ cargo de** to recognize, to realize; **__ los giles** to act like jerks *(vulg.)*
hamacar to rock, to swing
harto fed up
hedor: __ amargo bitter stench
herido hurt, wounded
herramienta tool
hígado liver
hilo: __ de voz in a weak voice
hinchar: __ las narices to get on someone's nerves; **hinchársele: __ a uno los cojones** to piss someone off *(vulg.)*
hondo deep
huérfano orphan
huevaditas trivial things *(vulg.)*
huevear to waste time *(vulg.)*
impresionado shocked
incorporarse to get up
indolencia laziness
infecto disgusting
insolente insolent, rude
intentar to try to
intruso intruder
ira anger
írsele a uno las luces to lose one's head
joder to bother, to annoy *(vulg.)*
jornada meeting, workshop
jugador player, gambler
laburar to work
laburo *m.* work
laconismo brevity of words

ladrar to bark
largarse to get lost, to beat it; __ a llorar to start to cry
lepra leprosy
licencia leave of absence
linyera vagabond, beggar
lío: buscando __ looking for trouble
llanto weeping
lloriquear to whine
local *m.* premises
lograr: __ + infinitivo to manage to
lola: no había __ there were no excuses, no fooling around
lupa magnifying glass
mago magician
malabarismo juggling act
mamadera baby bottle
mancha stain, spot
manchado stained
manga sleeve; bunch of
manojo: __ **de llaves** bunch of keys
manso gentle
mareado queasy, dizzy
mate *m.* tea-like drink popular in Argentina
mear to piss *(vulg.)*
mecedora rocking chair
mechero lighter
mechones locks (of hair)
medida: hechos a __ **de la calle** made to be on the street
mejilla cheek
melena long hair
menudo: __ **carácter** what a temper
milanesa: la verdad de la __ the real truth
mina chick
minuciosidad: con __ carefully
mocos: limpiarse los __ to wipe one's nose

mocoso pipsqueak, badly behaved child
mona: como la __ terrible; **dormir la** __ to sleep off a hangover
morocha dark-haired, brunette
mortificar to torment, to give a hard time
mosca fly
mosqueado suspicious
mudo mute
muñeca wrist
murciélago bat
murmullo murmur
nenitos little kids
notarse: __ **a la legua** to see it a mile away
ocultar to hide
ojeroso with rings under the eyes
¡ojo! watch out!
oxidado rusty
pajarona fool, scatterbrain
palmada pat
palmear: __ **la espalda** to pat on the back
pan: ser un __ **de Dios** to be a very good person
panza belly
parado: __ **en seco** stopped short (suddenly)
parir to give birth; **como si me pariera a mí misma** as if I were giving birth to myself
parquedad *f.* scarcity of words
parroquia parish
partir: __ **le la mandíbula** to break someone's jaw
pasta dough (money)
patadas: sacar a __ to kick out by the rear
pataza big paw
pava small pot used for mate
payasada foolish action
pegajoso sticky

pegar: __ un aullido let out a howl
peleados: estar __ to have quarreled, to be on the outs
pelmazo: medio __ pain in the neck
pelos en la lengua: sin __ without mincing words
pelota: no dar __ not to take someone seriously
pelotudez *f.* a stupid thing to do
pena sorrow
percudido full of holes
perdices: te pidiera perdón y comiéramos __ I would ask your forgiveness and we would live happily ever after
perejil *m.* dope, jerk
perjudicar to cause harm
pibe/a kid
pillar to catch (someone)
piolín *m.* string
pirado crazy
planificaciones *f.* planning
plantar: __ a una persona to stand someone up
plomos: __ fundidos fuses blown
polera: sweater tipo __ collared sweater
por ahí maybe
porquería: de __ low class, crummy
posta really, indeed
postura: __ encogida hunched over
pudrir to rot, to go bad
pulgar *m.* thumb
punto: a __ de about to
puntudo pointed
puño fist
puta whore
quebrarse to break
quieto: estarse __ to be still
rabia anger
rancio rancid

rasgos characteristics, features
rayado: estar __ to be crazy
recapacitar to reconsider
recargado overloaded, cluttered
rechazar to reject
recorrer: __ el ámbito to look around the place
refregar(se): __ los ojos to rub one's eyes
regazo lap
registrar to search (through something)
reglamento: trabajar a __ to work on contract
relámpago lightening
relato story
remisero car service driver
remises: parada de __ car service stand
rencor *m.* hard feelings
renunciar to resign, to give up
reparar en to notice
repartir to share
resoplar to exhale
restar: __ importancia to play down the importance
resuelto resolved
retar: __ con la mirada to give a challenging look
revolear whirl around
rezo prayer
rostro face
rozar to touch lightly, graze
ruleros curlers
salvo: __ por except for
sanguchito sandwich
saturado losing patience
seguir: __ de largo to keep on
semejante similar
servicio restroom
simulado pretended
sinvergüenza *m./f.* scoundrel
soberbio arrogant
sobrador acting superior, impertinent

sobrar: moneda que le sobre to be in excess, extra coins
sobrecogido startled, taken aback
sobresaltarse to be startled
sobrio sober
socarrón sarcastic
socio member
socorro help
sol: __ de noche gas lamp
solideo priest's cap
solitario lonely
sollozar to sob
soltar(se) to break free
sonado: estar __ to be crazy
sonar to play or make a sound
soportar to stand, to put up with
sorber to sip
sordo: un grito __ a muffled cry
suave soft
sulfurarse to blow one's top, to get mad
suplicar to beg
surmenaje depression, severe stress
susurro whisper
tabaco: __negro Spanish tobacco; **__ rubio** American tobacco
taburete *m.* stool
tambalearse to stagger
tapado coat
tarado mental idiot
tararear to hum
telón curtain (theater)
terminante decisive
ternura tenderness
tieso stiff, erect
timbrazo loud ring
tipo: un __ de la cuadra a guy on the block
tira y afloja struggle
tirado thrown around
tirar to pull
tiras stripes indicating rank on a uniform
titubear to hesitate
tocar: te toca lo que te toca you take what you get
tomado curly (hair)
tomar: __lo a mal to take it badly, wrong; ¿me va a __? are you going to hear me recite?; **tomarle el pelo a alguien** to pull someone's leg, to make fun of
torneo competition
tornillo *m.* intense cold
torpe clumsy
torpeza clumsiness
trabalenguas tongue twister
tragaperras: máquina __ slot machine
tragar(se) to swallow
trago drink, gulp
traicionar to betray
tramar to make up, to plan
trámites: hacer __ to do paperwork, file forms
transfigurarse to transform, to change
transpirar to sweat
trapo rag
trasera: puerta __ back door
trasladar to move, to transfer
trastabillar to stumble
trayecto way, trip
trenza braid
tropezar to bump into
trueno thunder
turbado worried
turbio shady, murky
tutear to call someone *tú*
ubicar(se) to locate
vaqueros jeans
vendaje bandage
verdades: __ a medias half truths
vereda sidewalk
vergüenza: darle __ a uno to get embarrassed
vernissage *m.* art exhibit opening

vertiginoso extremely fast
vía train track
vientre *m.* belly, abdomen, womb
vigilante low-ranking security guard
vividor pleasure seeker, high liver
vuelta change (money)
zonzo stupid
zumbar buzz
zurcido darned, mended

About the Authors

Karen Brunschwig (M.A., University of Michigan) is Adjunct Professor of Spanish at the University of La Verne, California, and former Chair of the Department of Modern Languages at St. Joseph's College, New York. She currently teaches Spanish language courses and has taught Hispanic literature, culture, and art, as well as second language teaching methodology.

María Montoya (Ph.D., City University of New York, Graduate Center) is Associate Professor of Spanish and Chair of the Department of Modern Languages at St. Joseph's College, New York. She teaches Spanish language and Hispanic literature courses, in addition to contemporary Spanish cinema and culture.

www.ingramcontent.com/pod-product-compliance
Lightning Source LLC
Chambersburg PA
CBHW020753020526
44116CB00028B/248